東京でひっそりスピリチュアル

桜井識子

東京 MAP

葛西神社

大國魂神社

① 三原神社 P.262
② 武蔵御嶽神社 P.261
③ 住吉神社 P.261
④ 高尾山 薬王院 P.261
❺ 高幡不動尊
高幡山明王院金剛寺 P.254
⑥ 谷保天満宮 P.261
❼ 大國魂神社 P.218
❽ 深大寺 P.225

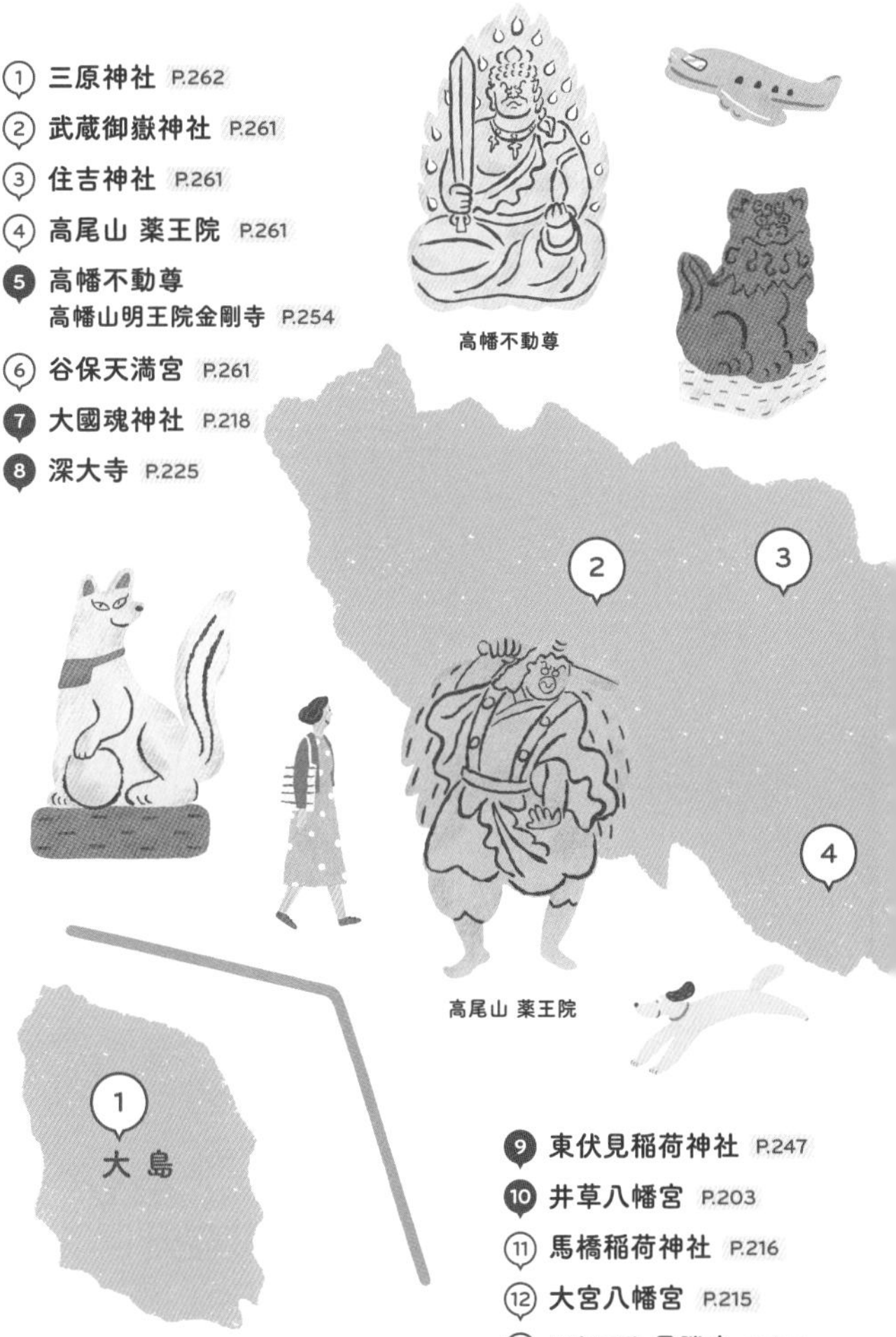

❾ 東伏見稲荷神社 P.247
❿ 井草八幡宮 P.203
⑪ 馬橋稲荷神社 P.216
⑫ 大宮八幡宮 P.215
⑬ 目青不動 最勝寺 P.214
⑭ 目黒不動 瀧泉寺 P.214

●は本書でおもに取り上げている場所。

山手線沿線MAP

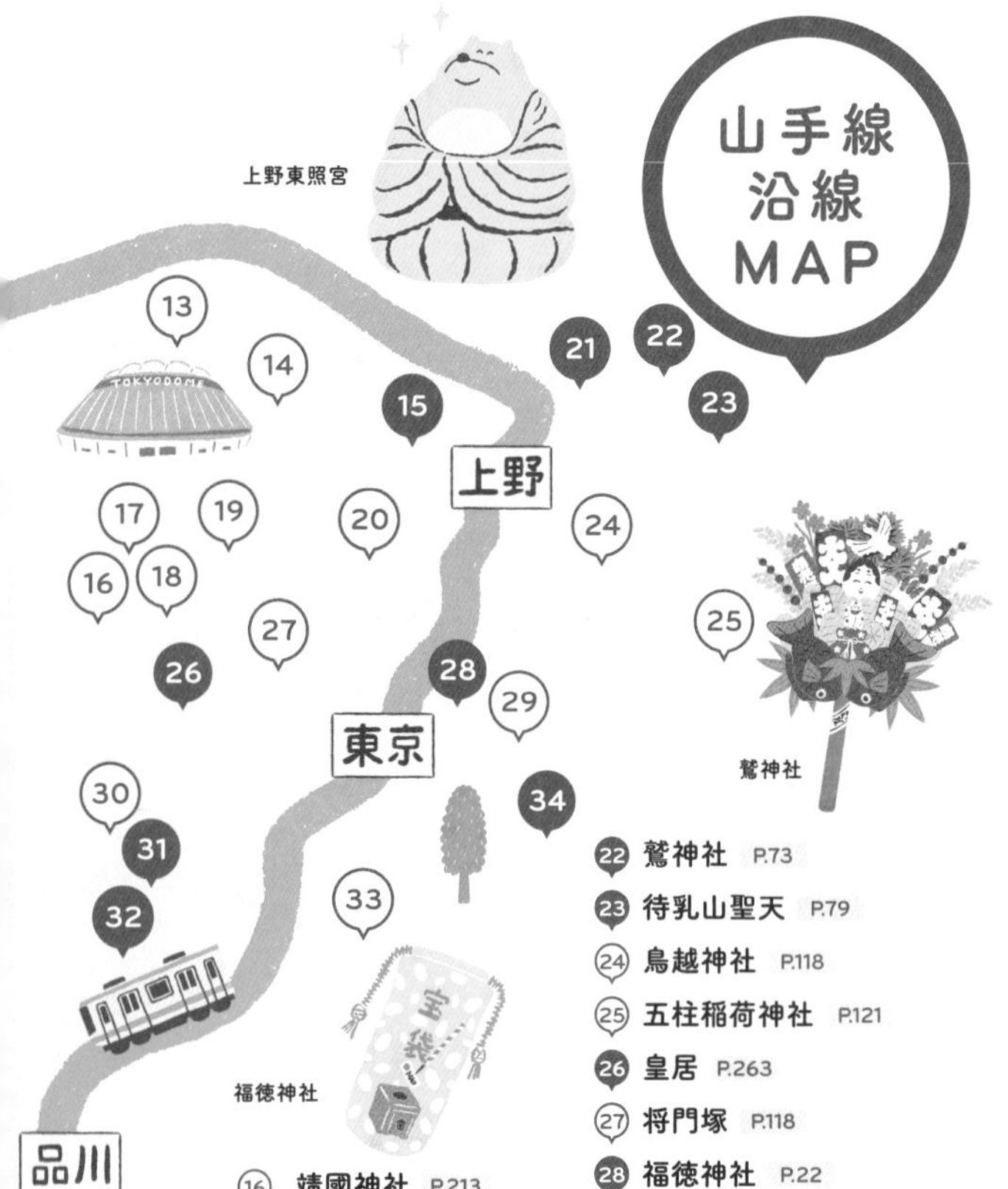

1 鎧神社 P.212
2 目白不動 金乗院 P.215
3 水稲荷神社 P.212
4 筑土八幡神社 P.212
5 四谷於岩
稲荷田宮神社 P.212

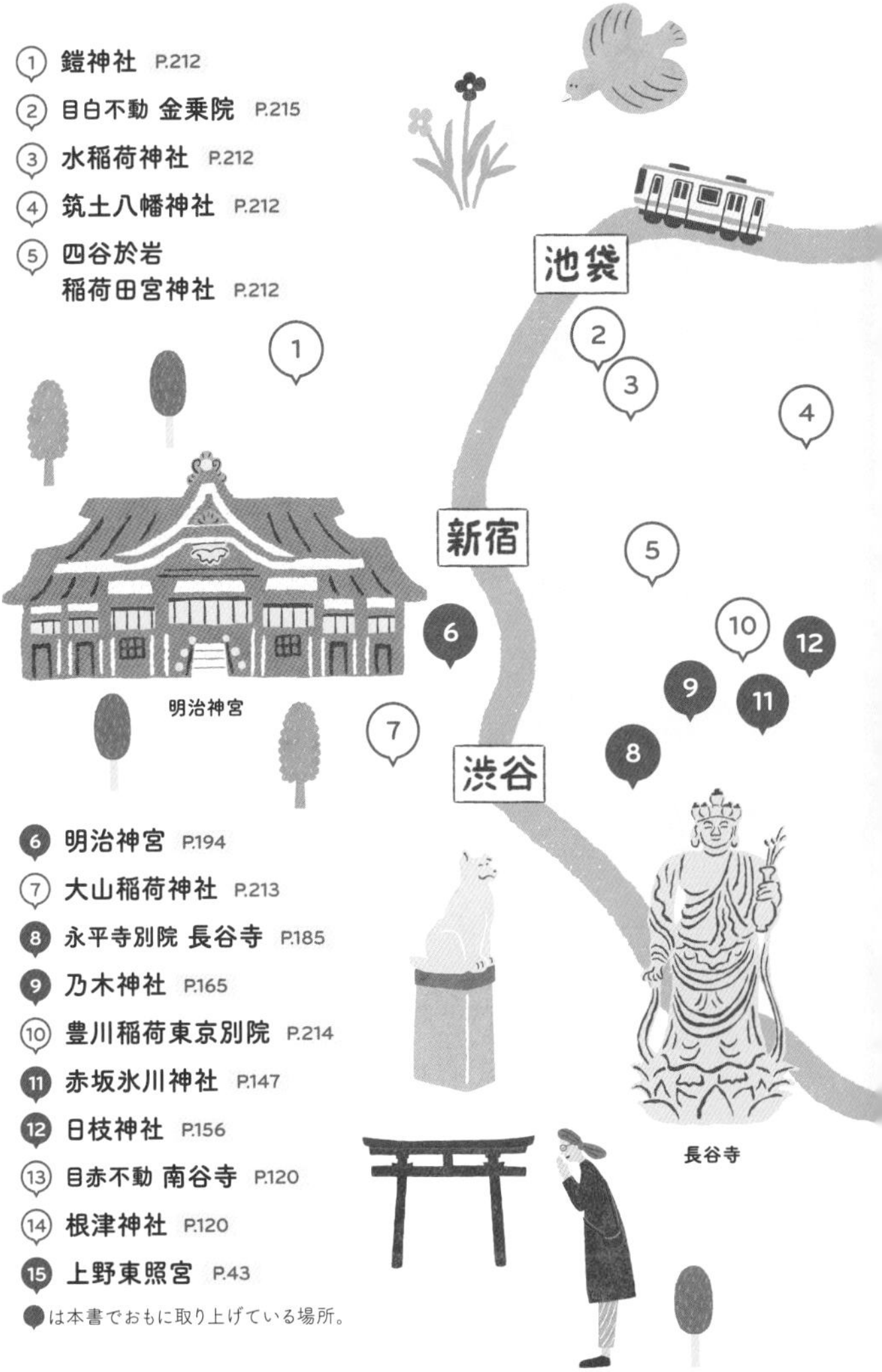

6 明治神宮 P.194
7 大山稲荷神社 P.213
8 永平寺別院 長谷寺 P.185
9 乃木神社 P.165
10 豊川稲荷東京別院 P.214
11 赤坂氷川神社 P.147
12 日枝神社 P.156
13 目赤不動 南谷寺 P.120
14 根津神社 P.120
15 上野東照宮 P.43

●は本書でおもに取り上げている場所。

イラスト　黒田愛里
DTP　美創

東京でひっそりスピリチュアル

はじめに

この本を手に取っていただき、ありがとうございます。本書のテーマは「東京」の神社仏閣の紹介です。

私は過去に「京都」の寺社を紹介した本を出したことがあります。ありがたいことにそれが大変好評で、その本を持って観光をしましたというメッセージをたくさんもらいました。

「東京編」もぜひ出してほしいというご要望が多く、いつか出せたらいいな〜、と考えておりました。今回、幻冬舎さんのご厚意でやっと出すことができました。

待ち望んで下さった皆様のご期待に添えるよう、取材はこの本に載せている倍近くの寺社をめぐっています。東京は江戸時代から都会だったせいか、神社もお寺も多く、個性的なところがたくさんあります。

面白い神仏、珍しい神仏にお会いし、どの神社を載せるか、どのお寺を紹介するかでかなり悩みました。ボツにするのが惜しい寺社ばかりなのです。熟考に熟考を重ね、私なりの判断で厳選しています。

本書で紹介する神社仏閣は全部で21ヶ所です。元は天皇だった神様、将軍だった神様、狸《たぬき》の神様、カラス天狗《てんぐ》の神様、開運してくれる神様、古くてパワーあるお稲荷《いなり》さんなど、他にもバラエティに富んだ神様方を書いています。

さらに、空海さん、お地蔵さん、お不動さん、阿弥陀《あみだ》さん、観音さん、元三《がんざん》大師さんなど、仏様のほうも豪華キャストです。

どちらも、初めてお伝えする情報、役に立つ情報が満載です。

とっておきのお話は皇居についてです。こちらも多くの方に読んでもらいたいです。昔、江戸城だった皇居には隠されたパワーがあります。天海僧正《てんかいそうじょう》が将軍のためだけに用意したものですが、その隠し方、全国に放出させる方法が完璧なのです（ちなみに取り出し方、使用方法は教えてもらえませんでした）。

さらに皇居には、ビックリ仰天する情報もありますから、読んで、私のように「ひょえ〜！」と、のけぞって驚いていただきたいです（笑）。そしてその情報を知った皆様にも、恩恵をたっぷりと受け取ってもらいたいと思います。

過去に他の本で紹介した寺社もマップに載せています。

そのため、この1冊で東京の神社仏閣を思いきり満喫できるようになっています。恩恵もごりやくもご加護もどうぞいっぱいもらって下さい。

最後になりましたが、私の本を読むのは初めてという方が戸惑わないように書いておきます。

私には神仏のお姿が見えますし、会話もできます。これは長年にわたるいろいろな修行の積み重ねと努力の結果、身についた能力です。私だけが特別なのではなく、どなたでも同じ能力を身につけることができます。神仏を見たり、話をしたりすることは、特別なことではないのです。

この本に書かれている神社仏閣や皇居に行って、自分がどう感じるのか、自分の感覚を認識することはよい修行になります。本書を寺社めぐりのガイドとして使うのもいいですし、修行の手引きとして利用するのもいいと思います。どのようなかたちであっても皆様のお役に立てる1冊でありますようにと、心から願っております。

桜井識子

東京でひっそりスピリチュアル　目次

第4章

皇居

第1章

23区東部エリア

福徳神社

中央区日本橋室町

ピシッと姿勢を正した参拝者は神様から注目される

中央区日本橋にあり、周囲は近代的なオフィスビル街です。地価が高そうだな〜、という場所ですが、境内はそれなりに広さがあり、立派な神社なので驚きました。社殿の横には鎮守の森でしょうか、木々が植えられており、そこを歩くとちょっとだけですが、森の中にいるような感覚になれます。高層ビルの谷間にある癒やし空間ともいえる神社です。

別名は「芽吹稲荷」で、「福徳」もそうですが、なんとも縁起のよいお名前です。神様はお稲荷さんでした。社殿の可愛《かわい》らしさに比べ、神様はどっしりと大きいです。

ここの社殿は、古いお社《やしろ》をそっくりそのまま囲うようにして建てられています。新しい社殿の中心に、古い小さなお社が壊されることなくそのまま置かれているのです。その手前にお供え物の棚があって、たくさんのお供え物が奉納されていました。

このようにして神様を祀《まつ》っていることに感動しました。たま～～～にですが、同じように古いお社を、新しいお社で守るように建てられている神社を見ることがあります。けれど、「社殿」といえるような大きな建物で囲っているのは珍しいです。

人間の感覚だと、新しい社殿は古いお社よりもピカピカで気持ちがいいです。神様を新しい社殿に移したほうがよいと考えるのが普通です。

けれど、神様には新しいからいい、古いのはよくないという考えはありません。ご神体を変えられたり、鎮座する場所をあちこち移されたりするほうがイヤなのです。ですから、古いお社をそのまま本殿の中心に置いているのは、神様のことを心から大切に思っている証《あかし》のように感じてジーンときました。

神様は長年宿ってきた居心地のよいお社にそのまま鎮座していて、宿り替えをしていないため、パワーがまったく衰えていません。それで、ものすごく大きいのです。眷属《けんぞく》もももちろんたくさんいます。見た目では、神社そのものはそんなに大きくありません。

境内も他の神社に比べたら広くはないです。けれど、神様の世界は大きいです。かなり古い時代から、ここで「福」を授けるよう、せっせと働いてきたお稲荷さんだからです。

日本橋は繁盛しているお店が昔も今も多いです。それはこのお稲荷さんが商売繁盛の願掛けを頑張って叶《かな》えてきたから、という部分もあります。現代も参拝者はひっきりなしにやって来るので、境内でひとりになれる時間はありませんでした。


私が写真を撮っている時に、70歳くらいのおじさんが目の前で参拝をしていました。何気なく見ていると、おじさんは神前に行き、まず帽子を頭から取りました。そして、そこにあった荷物を置く台にそっと載せました。

その後、直立不動で「きをつけー!」とピシッとした姿勢をとり、深々と90度腰を曲げて礼をしました。体を起こすと、また「きをつけー!」とピシッと立って、もう一度、深く礼をしました。それから高らかに2拍手をして、最後にもう一度、直立不動ポーズから深～く礼をしたのです。見ていて「ほ～」と感嘆の声がもれるほどの姿勢のよさ、礼儀正しさでした。

その時です。左の狛狐《こまぎつね》像に入っている眷属が、

「このような参拝をされると、気持ちがいいのぉぉ〜」

と言ったのです。あ〜、そうだろうな〜、見ているだけで気持ちが爽やかになったもんな〜、と私もそう思いました。

このようにきっちりとした参拝をする人は少ないです。私もめったに見ることはありません。普通はパッパッと軽く2回ほど形だけのお辞儀をして、パンパンと手を鳴らし、サッと礼をするだけです。

大袈裟《おおげさ》にするのが恥ずかしいという人もいれば、2礼2拍手1礼さえすればいいのよね、という感覚の人もいるみたいです。頭を下げとけばいいんだよね、みたいな感じでしょうか。直立不動できっちり、という人はあまり見かけません。

私が言いたいのは、このおじさんのようにしたほうがいいとか、こうしましょうということではなくて、ここまでしない人が多いため、やるといい意味で目立つ、ということです。眷属に「おぉ〜！　気持ちがいいのぉ〜」と思わせることができるのです。

初詣など人出がすごい時は、祝詞《のりと》を唱えて神様や眷属に注目してもらうといいですよ、と本に書いたことがあります。眷属が言うには、このようにきっちりとした姿勢で参拝をするのもいいそうです。気持ちがいいから注目する、と言っていました。

おじさんは参拝が終わると、帽子を手に取ってかぶりました。そして、姿勢のよさに感激していた眷属が入っている狛狐の頭を……「よしよし」と撫《な》でたのです！

「ひ～え～っ！」

後ろで見ていた私はガチガチに固まりました。神様が大きいので、眷属もそこそこ強くて迫力があります。しかも、お稲荷さんです。それはヤバいのでは……と見ていたら、眷属はなんとも言えない困ったような苦笑を浮かべ、私のほうをチラリと見て、

「許すっ！」

と言いました。それを見ていた私はお腹《なか》の底から大笑いしました。おじさんの態度を褒めたあとなので、ムッとするわけにもいかず、引きつったような笑顔をしていたのが面白かったです。神様の眷属でも複雑な気持ちになることがあるのですね。

信仰心のない人や、だらけた態度の人だったら許さないが、この者は許すっ！　と重ねて言ったので、爆笑でした。ンモー！　だけど、特別に許す、というニュアンスなのです。それくらい姿勢正しく気持ちよく参拝されることは嬉《うれ》しいみたいです。

眷属が参拝者を調査するという独自システム

この神社は、お稲荷さんがデーンと中心に座って参拝者の話を聞き、眷属たちは願掛けを叶える仕事で忙しそうに走りまわっています。左の狛狐に入っている眷属は「広報」担当のようで、多くのお話を聞かせてくれました。

日本全国、お稲荷さんはたくさんいます。あちらこちらに稲荷社があることでもわかると思いますが、このお稲荷さんという神様にはいろんなタイプがいます。願掛けを叶えるシステムもそれぞれです。

ここの神社は独特の願掛け成就システムでした。福徳神社には極小ともいえる小粒の眷属がいっぱいいます。この眷属がちょっと変わっていて、ロボットのような無機質な感じなのです。

普通の眷属は、神様の仕事を手伝うためにいます。神様の眷属である！というオーラが漂っているので、ご祭神のお稲荷さんの下で働いているのだな、というお役目がひと目でわかります。

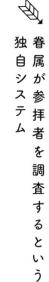

しかし、小粒の眷属は違います。参拝者ひとりにつき、1体ついて行くのです。もちろん、参拝者全員に、ではありません。ご祭神であるお稲荷さんがつけるかどうかを判断していますから、信仰が薄い人、悪事を働くような人、心根のよくない人などはつけてもらえません。そこは厳選されているのです。

小粒の眷属はその人について行き、その人をじっくり調査し、ご祭神に報告しています。その報告を聞いて願掛けを叶えるという、変わったシステムなのです。

ですから、この神社で願掛けを叶えてもらおうと思ったら、小粒の眷属をつけてもらわなければなりません。礼儀正しいピシッとした参拝でまず好印象を持ってもらい、そこにプラスして祝詞を唱えるともっといいです。初めての参拝だったら自己紹介を丁寧にして、願掛けの内容も詳しくお話しします。そして、狛狐の頭は撫でないようにします(笑)。

これで信仰心が厚ければ、小粒眷属をつけてもらえます。そのあとは盗むとか騙《だま》すなどの悪いことをしない、人に意地悪をしないなど、ごく普通に生活していれば大丈夫です。

超縁起のよい宝袋を発見！

参拝を終えて授与所をのぞいてみました。私はどこの神社でも何かを必ず買うわけではありません。というか、買わないのが普通です。いくら遠方にある神社でも、「もう一生、来ないかも？」という神社でも、よほどのことがなければ買いません。でも、見ることは見ます。

で、授与品を見ていたら、広報担当の眷属が、

「宝袋を買えよ」

と言います。

「宝袋？　ですか？」

私は宝くじはジャンボだけ買っています。でも、ネットで買うため、くじ券の現物は手元にありません。「くじ券を持たないから宝袋を買っても、使わないんだけど……」と思いつつ見ました。

黄色の布地に金色の糸で「宝袋」と刺繍《ししゅう》がされています。その下には、富くじが当た

った絵が描かれている縦長の袋です。縁起物です。

「う〜ん、でも、使わない袋だしな〜、どうしようかな」

と考えていたら、

「中に宝船の絵が描いてある」

と言われたので、即買いしました（笑）。外側のデザインだけでも縁起物なのに、中に宝船が描かれているなんて、超縁起がいいです。帰宅して確認したら、内側に宝物をいっぱい載せた宝船の絵がありました。この袋は眷属も縁起物だと言っていました。

福徳神社は江戸時代、富くじを作って販売することを許されていた数少ない神社だったそうです。そういう経緯で宝袋は今でも縁起物なのです。

境内には「桜みくじ」というピンク色のおみくじを、作り物の桜の枝にくくりつけるようになっているところがあり、桜が満開のように見えてこちらも縁起がよかったです。もう1ヶ所あるおみくじを結ぶところも、ピンクの花がたくさん咲いているように見えるため、気分が明るくなります。

ご祭神のお稲荷さんはもともとこの地に鎮座していたそうですが、戦後の都市化に伴い、一時期、ビルの屋上に遷座《せんざ》されていました。平成26（2014）年に神社が新しく再建されて、やっと地上に降りてこられたそうです。

前述したように、この時にお社から新社殿に宿り替えをしていないので、パワーは衰えていません。多くの人に参拝される環境に戻れたお稲荷さんは、自分を頼ってくる人々（参拝者）のために！　願掛けを叶える仕事を頑張ろう！　と、張り切っておられます。

眷属は、ここは土地がよいと言っていました。江戸時代からではなく、もっと昔から、人々が住みつく前からこの場所には力があったとのことです。つまり、パワースポットなのです。

日本橋は徳川幕府が定めた五街道（東海道、中山道、日光街道、奥州街道、甲州街道）の起点です。江戸の中心だと考えられていたのです。現在も国道1号線をはじめ、7本の国道の起点となっています。

東京駅から歩いて10～15分くらいなので、ぶらっとパワーある土地を歩くのもいいと思います。日本橋のたもとからはクルーズ船が出ていて、いくつかのコースの中には、1時間～1時間半で歴史が学べたりするものもあるようです。

ちなみに目立たない感じで、「薬祖神社《やくそ》」という小さなお社が福徳神社のすぐ横にありました。玉垣にはずら〜っと有名どころの製薬会社の名前が入っていますが、ひっそりと存在している神社です。

　ここは「薬がよく効きますように」と、お願いをする神社だそうです。神様は常時いるわけではないのですが、薬に関しては恩恵があるとのことです。福徳神社の眷属がそう教えてくれました。

成田山 深川不動堂

江東区富岡

お堂いっぱいに広がる巨大なお不動さん

私のブログには全国から「お近くに来た際は、ぜひここに行ってみて下さい」というリクエストが届きます。その数が多かったのが、ここ深川不動堂です。関西に住んでいた時からリクエストをもらってきました。

取材リストを作った時に「このお寺では祈禱《きとう》をお願いしよう！」と計画を立てました。たくさんのリクエストが来るということは、参拝者も多く、きっと強いお不動さんがおられるはずです。

取材当日は別の神社からスマホのナビを頼りに歩いて行ったのですが、なぜか若干遠

回りで案内をされたため、お寺に到着した時は護摩《ごま》祈禱の開始5分前という時間でした。5分前ですから、受け付けてもらえるかどうか……ギリギリです。

焦りまくって受付に走り、

「祈禱をお願いしたいのですが」

と言うと、何かの作業をしていたお姉さんが、こちらを見てニッコリと微笑《ほほえ》みます。作業をしている手をそのまま動かしつつ、

「〇〇で祈禱ですか？」

と私に質問をしました。はて？　なんと言ったのだろう？　〇〇の部分がまったく聞き取れなかったんですけど～、と思いましたが、お姉さんはサクサクと作業をしていて忙しそうです。

祈禱ですか？　と聞いているのだから、〇〇の部分がなんであれ、祈禱をするのかどうか聞いているようです。一瞬でこのようなことをパパパッと考え、「はい」と答えました。

お姉さんは笑顔のまま、

「そちらで袋をもらって、靴を入れてお上がり下さい」

と言うではないですか。

あ、いや、違うんです、中に入って護摩祈禱を見せてもらいたいのではなくて、お金を払って祈禱をお願いしたいんです……と思いましたが、祈禱開始まであと3分ほどです。今から申し込み用紙に住所とか名前とか祈願したいことなどを記入していたら間に合いません。

ンモー、スマホのナビめ〜、なんで最短距離で案内しなかったん！　とスマホに文句を言いつつ、見学だけさせていただくことにしました。

表参道から境内に入ると、正面に正統派の本堂っぽい建物がありますが、こちらは旧本堂です。その左側にある近代的な大きな建物が本堂でした。この本堂が超ド派手なのです。というのは、たくさんの梵字《ぼんじ》が模様として建物に描かれているからです。

こちらに総合受付があり、そのすぐ横に祈禱見学の入口があります。係の人が靴を入れる袋をくれて、検温をしてくれます。熱がなければ、手の消毒をしてから本堂に入ります（参拝をしたのは2021年4月です）。

このお寺は「成田山新勝寺」の東京別院だそうです。でも、新勝寺に比べると……というか、新勝寺が並外れた大きさなのですが、中はだいぶ狭いです。内陣も狭いです。祈禱をお願いした人や見学者が座るところはすべて階段状になっていましたが、そんなにたくさんは座れないように思いました（もしかしたら新型コロナウイルスの感染防止対策をされていたのかもしれません。ビニールのカーテンみたいなものであちこち仕切られていました）。

どこに座ろうかな、としばし悩みました。案内がなかったので、どこに座ってもいいみたいです。一番前はお坊さんや護摩の火に近いのですが、肝心のお不動さんがよく見えません。もしかしたら、一番前は祈禱してもらう人専用かもしれないと思ったので、最上段（最後方）に座りました。

結果から言うと、最上段で大正解でした。祈禱の途中で、立って見ることができたからです（後ろには誰もいませんでした）。しっかりとすべてを高い位置から見ることができたので、こうして皆様に詳細をお伝えすることができます。

ここから祈禱の様子を書きますが、先にお断りしておきます。うろ覚えです。そういう感じなのね〜、と軽〜くお読み下さい。

まず、ドラが鳴り、チーンチーンと鐘も鳴って、祈禱が始まります。法螺《ほら》貝を鳴らしながら数名のお坊さんが入場してきて、左右に分かれて座ります。最後に護摩を焚《た》くお坊さんが真ん中に座ります。

読経が始まると、ふたりのお坊さんが大きな幣《ぬさ》でバッサバッサと参加者のお祓《はら》いをしてくれます。お寺で幣を使うというのが珍しいです。次に、ひとりのお坊さんが参加者に儀式的なことをしてくれます。

その後、大きな和紙に書かれた祈願文が読まれます。意外にも祝詞のような雰囲気の読み方でした。祈願した人の名前と内容も読み上げられていきます。「心願成就、桜井識子」みたいな感じです。「心願成就、株式会社なんたら」というのもちらほらありました。

ここまではお不動さんはまったく出てきませんでした。私はお不動さんを正面から見ていたのですが、仏像の目はものすごく光っていました。じーっとこちらを見ているのです。見ておられるな〜、とは思いましたが、全然出てきません。

すでに護摩の火はバンバン焚かれていて、祈禱をお願いした人のおふだが次々に火にかざされていました。それでも出てこられないので、ここのお不動さんは出てこないタイプなのだろう、と思いました。仏像から出てこないお不動さんでも……ごりやくはあるのかな？　ということもチラッと考えました。

そこで、般若心経《はんにゃしんぎょう》が始まりました。３つの太鼓をお坊さんが力強く、豪快に叩《たた》き、法螺貝も鳴らされます。重みがあって濃い、パワーあふれる読経です。そしたら！　ここで仏像からお不動さんが、ぶわわわ〜っと出てきたのです！

迫力ある般若心経が流れる中で、ドーンと出てきたお不動さんはものすごく大きく、新勝寺ほど広くないお堂なので、全身が見えづらかったです。見るのが下手だと足しか見えない、というくらい大きいのです。うひゃ〜、でっかー！　とつい口走って、見上げました。

ひとりひとり、大きな手で撫でて下さる

さて、ここからが、私が超驚いたことです。

巨大なお不動さんは出てこられてすぐに、腰をかがめました。え？　なんで？　と、見ていたら、なんと！　なんと！　祈禱に参加した人の頭を撫でているのです！　お不動さんが、です。

それもニコニコしながら、よしよし、よしよし、とひとりずつ撫でていきます。しつこくてすみませんが、お不動さんが！　です。

私はここで涙がドバーッと出ました。慈悲深いお姿なのです。人間を可愛く思う、優しさに満ちたお不動さん……。柔和なお顔が素晴らしく輝いていました。仏様が人間を慈しむお姿に感動して、泣けて泣けて仕方ありませんでした。

自分を信仰しに来た人間を、大きな手で「よしよし」と撫でているのです。深川不動堂で祈禱に参加する人は、般若心経の間、頭を少し下げていたほうがいいです。思いっきり「よしよし」してもらえますし、お不動さんの手のひらから高波動もいっぱいもらえます。

私のところに来て、

「願いは何か？」

と聞かれました。そこで健康に関するお願いをすると、

「うむ。うむ」

と言って、よしよしよし、と大きな手で頭を撫でてもらえました。その包み込むようなあたたかさは観音さんのようでした。観音さんの優しさを持ったお不動さんです。貴

重な存在かもしれません。

頭を撫でつつ、ひとりひとりを見ているので、願掛けは般若心経の間にしたほうがいいです。心の中で思うだけで届きます。

このあと真言が唱えられていました。7回くらい唱えていたかな？ と思うのですが、数は数えておりません。太鼓も叩いていたように思います。お坊さんが真言を唱えている時に、お不動さんはしゅ〜っと仏像に戻りました。

巨大な体がしゅ〜っと小さくなりながら、仏像に戻っていくこの時、お不動さんは仏像のほうを向いています。こちらには背を向けているのです。戻る方向を向いているのですね。仏像に入る直前、かなり小さ〜くなったところで、顔だけ振り向いて、肩越しにニコッ！ と笑いました。

一般的なお不動さんなら、肩越しにニコッと笑うのはありえません。厳しいお不動さんは本当に怖いのです。肩越しに笑うのが、ニヒルというか、かっこいいというか、素敵でした。きゃ〜！ ファンになってしまうー！ という、優しくてかっこよくて思いやりのあるお不動さんです。

祈禱の最後はお坊さんのお話で終わりました。

本堂の2階には仏像がたくさんあります。金ピカの立像の阿弥陀如来の前で、おじさんがじっと手を合わせていました。大日如来像もあり、こちらはそんなに大きくはありませんでしたが、ここも別のおじさんが真ん前に座って静かに手を合わせていました。個人で特に信仰している仏像があるようです。

1階には「橋」があります。その橋には天井からのライトの光でお不動さんの梵字が映し出されています。そのため橋を渡ると、自分の体に梵字が照射されます。ありがたい橋なので、もちろん渡らせてもらいました。

このお寺に行くのなら、絶対に祈禱に参加すべきです。無料で見せてもらえるうえに（お姉さんのおかげで無料で参加できることがわかりました）、お不動さんに頭を撫でてもらえるのです。

ここでちょっと説明をしておきますと、お金を払って祈禱をお願いするのと、無料で見学させてもらう違いは「おふだ」です。祈禱をお願いすれば、護摩焚きの波動入りおふだがもらえます。お寺によっては火にかざしてもらえます。護摩の濃厚パワーがたっぷりです。これを1年間家の中に置くことは大きな守りとなります。

願掛けに関しては、お金を払って祈禱をお願いするのも、無料で見学をさせてもらうのも、祈禱に参加せず手だけ合わせて帰るのも、差はありません。

不動明王に頭を撫でてもらえるのは、私の知る限り、今のところここだけです。優しいお不動さんですが、大きいし、力もあります。強いです。東京でお不動さんのご縁を探している方は、ここに行かれるといいです。ご縁はいくつもらってもいいものなので、すでにもらっているという方にもおすすめです。

上野東照宮

台東区上野公園

上から目線、でも可愛らしい吉宗さん

上野恩賜《おんし》公園って広いんですね〜。ここが昔、全部寛永寺だったことを思うと、そのすごさがわかりました。将軍が経済的支援をして建てたお寺なので、規模が大きかったのでしょう。いくら江戸時代初期の建立でもあれだけの面積は驚異的です。

実はこの公園に来た目的は寛永寺でした。江戸城の鬼門封じのために建てられたお寺ですから、そのへんの詳しい事情を知りたいと思ったのです。しかし、寛永寺の根本《こんぽん》中堂《ちゅうどう》はお堂の外からしか手を合わせることができず、仏様にお話は聞けませんでした。

徳川家の御廟《ごびょう》にも入ることができなかったので、収穫はゼロでした。

そこで、公園の一角にある上野東照宮を参拝しました。ご祭神は、徳川家康公、徳川吉宗公（8代将軍）、徳川慶喜《よしのぶ》公（15代将軍）です。正直言って、まったく期待はしていませんでした。

というのは、家康公は日光の東照宮におられるからです。以前、別の地域にある東照宮を参拝したことがあるのですが、そこに家康公はいませんでした。私は家康公とは日光でお会いしたことがあるため、今日ここで会えなくても私的には問題ありません。なので、「どんな感じの東照宮なのか、ちょっと見ておくかな」程度の気持ちで行ってみたのです。


長い参道があって、「大石鳥居」をくぐると、そこから両脇に石灯籠《いしどうろう》がずら～っと並んでいます。ここから周囲の空気が変わっています。現代の「気」ではなく、江戸時代の「気」なのです。足元は石畳で、なんとも言えないなつかしい気持ちになります。

狛犬が、俺ら将軍を守る狛犬だからな！　そのへんの狛犬と違うぞ！　という感じで、筋骨隆々なのが微笑ましいです。歩くのが楽しいな～と思える参道です。

参道の突き当たりは、社殿を囲った透塀《すきべい》の唐門でした。派手な金色の唐門の前にお賽《さい》銭箱《せんばこ》が置かれていて、ここで参拝をします。社殿が素晴らしいので、そばで見せてもらいたいな〜、と思ったら、右手にある社務所で拝観料を払えば中に入れることがわかりました。

さっそくウキウキと透塀の中に入ってみると、社殿の豪華絢爛《けんらん》さに目を奪われました。素晴らしいのです。ため息が出る美しさです。中から見た唐門も華やかでした。この門の柱の四額面には、左甚五郎作の昇り龍と降り龍の彫刻があって、芸術品としても一流です。

本殿には金箔《きんぱく》が惜しげもなく使われており、キンキンキラキラのピカピカで、超きらびやかな社殿です。さすが将軍家、どんだけお金持ってるねんという感想を持ちました(笑)。金箔には独特の迫力がありました。人を圧倒する力というか、ひれ伏させるようなパワーがあるのです。

写真を撮っていたら、誰かが本殿にいて私を見ています（見えない世界でのお話です）。家康さんではなく、別の人物です。慶喜公は写真を見たことがあり顔を知っているので、慶喜公でもないことがわかります。

失礼を承知でお名前を聞くと、なんと！　吉宗さんでした。うわ〜、本当にいるんだ〜、とちょっと驚きました。ここに実際にいるご祭神は吉宗さん1柱のみです。

「家康さんはいないのですね」

「日光におられる」

「素朴な質問です。東照宮なのに、家康さんではない方がご祭神でもいいのでしょうか？」

この質問をしたら、吉宗さんは若干ムッとした感じで、

「ここには3人が祀られている」

と言います。

吉宗さんは、自分は3つある神座《しんざ》のど真ん中に座っているわけではなく、左の席に控えている（座っている）と言うのです。真ん中は空けてある、とのことで、たぶん家康さんの席として空けているのだと思われます。自分は端にいる、と重ねて言っていました。

けれど、実際にここにいるご祭神は1柱だけです。慶喜公もいません。

「神様は吉宗さんおひとりなのですから、真ん中にお座りになってもいいのではありま

せんか？　家康さんはここには来られないでしょう？　吉宗さんだってご祭神なのですから、かまわないと思いますけど？」

「そうはいかない！　東照宮であるぞ！」

中心は家康公である！　と強い口調でまくしたてます。

この吉宗さん、私の印象を正直に言いますと……ものすごく上から目線でお話をされます。口調が、それはもう、俺は将軍様であるぞ！　という感じで、庶民は控えい！という威圧感があるのです。悪気なく、です。

私の提案に対して、

「何を言うか！　家康公あっての東照宮で……」

みたいなことを言っていて、そこで吉宗さんはふと口をつぐみました。

「…………」

沈黙している間、じろじろと私を見つめます。そして真面目な顔でこう言われました。

「お前は態度が大きいな」

「え？　だって、現代は身分制度がありませんから。みんな身分は同じですよ？」

吉宗さんはここで、

「はあぁぁぁぁーーーー」

と、台風の最大瞬間風速なみのため息をつきました。

「嘆かわしーーーーのぅ」

「今は昔のように将軍はいませんし、私は一般市民ですが、現代では吉宗さんより身分が下ってことにはならないのです。将軍であろうと誰であろうと、身分は一緒ですからね」

反応が面白かったので、重ねてもう1回同じ内容を言ってみました。すると、

「はあぁぁぁぁーーーーーー」

と、今度は首を振りながら、ため息をついていました。その様子はユーモアにあふれていて、なんだか可愛らしく見えました。

身分制度が厳しい時代の将軍だったため、そりゃ上から目線にもなるわな〜、というか、上から目線が正しいし、嘆かわしいという言葉が出るのもわかる〜、と思いました。

ここで、私は吉宗さんと5代将軍綱吉《つなよし》さんを勘違いして、心の中に綱吉さんの生母・桂昌院《けいしょういん》さんを思い浮かべながら、こう言いました。

「あれ？　お母様はたしか、庶民の出自ではありませんでした？」

「それは私ではないっ！」

あとから知ったのですが、吉宗さんと綱吉さんは系統が違うのですね。ですので、綱吉さんが父親だとか祖父だとか、そのようなつながりはないのです。でもこの時、私はそれを知りませんから、

「え？　なんでそんなに怒るんですか～」

と疑問に思いました。

「それは綱吉」

「ああ、そうでした！　同じ〝吉〟がつくから、つい……」

てへへという感じで頭をかくと、

「はあぁぁぁぁ～～～～～」

と、今度は頭を抱えていました。間違えられたことが大ショックだったみたいです。なぜかはわかりませんが、複雑な事情があるのでしょう。仕草や反応が面白い将軍です。

このように、歴史上の人物は話をしてみたら、意外と面白いという人が多いです。親しく会話をしなければわからないのでそこが難しいところですが……。吉宗さんは魅力があります。大好きになりました。

本来、ここでこの項は終わりでした。

幻冬舎さんに原稿をお渡ししたあとのことです。吉宗さんの生母は湯殿番だった、それで殿様の手がついた、という説があることを担当者さんが教えてくれました。

調べてみたら、たしかに、殿様がお風呂に入る時にお世話をする湯殿番だったとか、お百姓さんの娘だったとか、実はすごく身分が低かったという噂《うわさ》がありました。

吉宗さんの生母「浄円院《じょうえんいん》」さんは、「巨勢氏《こせ》」であると、ブリタニカ国際大百科事典に書かれています。でもこれについても、娘だったのか、養女だったのかわからないという説があります。

しかし、日本大百科全書（ニッポニカ）の解説では、【生母については諸説あるが、さだかでない。】と、ハッキリ書かれているのです。

吉宗さんは母親に関する噂に、胸を痛めているのでしょう。私が見たあの反応からすると、たぶん噂は噂です。汚名といってもいいくらいの内容ですから、頭を抱えていたのもわかります。

というわけで、参拝に行った時は「百科事典に、諸説あるけれどさだかではないと書かれていましたよ」とひとこと添えるといいです。それで、「ああ、誤解がひとつ解けた」と、ホッとされるのではないかと思います。

温厚な狸の神様が大奥で暴れたわけ

社殿の左側に出口があったので、そこから出てみました。すると、「栄誉権現社　御狸様」と書かれた案内板がありました。その横に赤い字で「強運開祖　受験合格　就職必勝祈願」と書かれています。

手書きの由緒板もあって、

【栄誉権現　四国八百八狸の総師。奉献された大奥で暴れ追放後、大名、旗本諸家を潰し、大正年間本宮に奉献された悪業狸。他を抜く（たぬき）強運開祖として信仰が厚い。縁起日は五の日。】（原文ママ）

と説明がされていました。

大奥で暴れた狸がいて、その後もあちこちで暴れたのですね。で、ここに祀られてから、心を入れ替えたのか、神様になったみたいです。面白い由緒です。

囲いの中に入ると、小さなお社がありました。「写真を撮らせて下さい」とお断りして、パシャパシャと先に撮影をしましたが、「祝詞が先」などと言いません。狸の神様には過去に何回かお会いしたことがありますが、基本どの狸の神様もおっとり系なのです。

赤い鳥居をくぐってお社を見ると、扉が開けられていました。中には大きめの狸の木像が安置されていました。杖らしきものを持っていて、直角に上を向いているなんとも言えない愛らしいお姿です。ツーンと上を向いている、というか、へそを曲げてプンプンしているような、

ツーンと上を向いた姿が愛らしい狸の木像。

そんなポーズなのです。

伸ばした顎《あご》から首の部分が正面に見えていて、てっぺんに鼻と閉じた口があります。着物を着て座布団に座っています。見たことのないアングルの像で、同じ置物がほしい！　と本気で思いました。

祝詞を唱え、ご挨拶をして自己紹介をしていたら、狸の神様が姿を現してくれました。

「大奥で暴れた、って書かれていますが？」

「ん〜」

「本当のことなんですね〜。もしかして、祀ってほしくて暴れたのですか？」

「ワシにそのような下心はない」

狸の神様によると、大奥は変なプライドを持った人が多かったそうです。その歪《ゆが》んだプライドのせいで、心根のひん曲がった人がたくさんいました。人を陥れたり、罠《わな》にかけたり、自分より身分が下の者に罵詈《ばり》雑言《ぞうごん》を浴びせたり、あくどい意地悪をしたり……そういうことが日常茶飯事だったのです。

狸の神様はどうにもそれが許せず、「天罰だ！」「馬鹿者！」とバチを与えていたそうです。性根をたたき直してやろうと思った、と言うのです。それが「大暴れ」という表現になっているのでした。狸の神様はイタズラをしていたわけではなく、心根のよくない者を懲らしめていたのです。

この話を聞いて、大奥で「コラー！　なんでそのような意地悪をするのか！　この大馬鹿者が！」と叱っているお姿が見えました。当時からすでに神様だったのです。自然霊の狸は人間を正そうとはしません。

正義感の強い神様なのだな、と思っていると、次の参拝者が来たので本殿のほうに戻りました。私が拝観した時は本殿エリアの横が工事中で、透塀で囲まれた本殿エリアの入口と出口は同じだったのです。

本殿のところに戻ると、吉宗さんが、

「狸の神に会ってきたか？」

と聞きます。

「はい」

「稲荷を怒らせたら怖いが、狸も怒らせると怖いぞ」

「そうなんですね」

「気をつけよ」

ここでさらに数人入ってきたので、参拝を終えました。

吉宗さんは身分が高い人のままで神様になっています。ですので、高貴な人特有の無邪気な部分があります。後醍醐《ごだいご》天皇と似たところがあって、説得しやすい神様でもありますから、願掛けをする時にうまく説明をすれば、即、叶えてもらえます。上野東照宮はおすすめです。

社殿の囲いを出たところに授与所があります。狸の絵馬が売られていて、これが縁起物でした。即買いしました。可愛い狸のお守りも買いました。

その場所は狸の神様のお社から離れていましたが、呼んだら来てくれるかな？　と、ためしに呼んでみると、しゅ〜っと来てくれて、驚くことにその後、私に同行してくれました。公園の端っこギリギリまで一緒に歩いてくれたのです。もうちょっとお話をしたいと思っていたので、これは嬉しかったです。

「狸谷山不動院《たぬきだにさん》の境内社と、根津神社の境内社、それともう1社に、狸の神様がいらっしゃいましたよ」

「知っている」

「知り合いなのですね」

「うむ」

「どの神様も優しいというか、遠慮がちというか、気弱なように感じました」

「もっと強く出てもいいのに遠慮するものが多い……」

「お稲荷さんと違うんですね」

「稲荷でも気が弱いものはいる、極端に優しいものもいる、それぞれだな」

けれど、狸の神様は総じておっとりしているそうです。

この狸の神様もそうでした。大奥で大暴れをしたとのことですが、温厚系なのです。

それがすぐにわかったので、祀ってほしくて暴れたのですか？　という質問ができたのです。お稲荷さんだったら、この質問はしていません。

「他の狸の神様とお話をされますか？」

「うむ。会うから」

「へぇ～！　時々会われるのですか？」

「年に1回、会議をしている」

「あ！　そうなんですね！」

お稲荷さんも年に1回、伏見稲荷大社に全員集合して会議をしています。宇佐神宮や伊勢神宮もそうです。同系の神様との会議があり、そしてその後、日本全国の神様が一堂に会する会議が出雲大社であるわけです。

ただ、狸の神様はそんなに数が多くないため、全員が顔見知りで仲良しだそうです。

「どこで会議をしているのですか？」

「四国。いつか探して来るがいい」

そうか、四国なんだ～、と思いました。どこで会議をするのか場所を教えてくれなかったので、自分で探せ、ということなのでしょう。何かそこに狸の神様の秘密がありそうです。

実はお社で自己紹介をした時に、お前のことは知っている、みたいな感じでした。はて？　と謎だったけれど、ここで理由がわかりました。会議で他の狸の神様に話を聞いているのです。

根津神社（東京都文京区）の境内社である乙女稲荷にいるのは狸の神様でしたが、私が最初に見た時、狐の姿をしていました。狸と知られたくなかったようで、わざと狐姿に変身していたのです。隣の境内社にいる駒込お稲荷さんが狸だと教えてくれたので、よく見たら、アライグマのような姿をした狸の神様でした。

狸谷山不動院の境内社にいた狸の神様も、最初は龍神のような「気」を放ち、自分のことを山岳系神様クラスの神様だと言っていました。なぜか狸であることを隠そうとするのです。

このように私が今まで会ってきた狸の神様が、「桜井識子が書きたいと言うからオーケーしたけど、それで狸ってバレた」とか、「でもあいつが書いたあとで優しい人が応援に来てくれるようになった」とか、いろいろ話をしているようでした。

上野公園の神様方は午後4時で仕事を終える

「ここ（上野公園）って、他にも神社がありますよね？　あと2社、寄ろうと思っているんです。その間、待ってもらうことはできますか？」

と何気なく狸の神様に言うと、

「ここにある神社は4時までだ」

さらりと答えます。

「えっ！　どうしてですか？　普通、5時くらいまで話を聞いてくれるじゃないですか」

「いや、ここは4時まで」

「えー！」

ちょうどそこは花園稲荷神社の前でした。時間は午後4時15分です。

「ちょっと手を合わせてきます」

私が花園稲荷神社の境内に入っても、狸の神様は入ってきませんでした。お稲荷さんだからかな？　と思いましたが、他の神社の敷地（境内）だから遠慮したのかもしれません。

ひとりで社殿の前へ行き、手を合わせたら……目の前の神様の世界が暗転しています。電気が消されているような、シャッターが閉められたような感じなのです。

「うわ……本当に終了してる……」

狸の神様が言った通りでした。花園稲荷神社の横には五條天神社がありましたが、きっとこちらも今日はもう終わっているのだろうということで、この日の参拝は断念しました。上野公園の神様方は、午後4時で仕事は終了ね、とみんなで決めているようです。

となると、4時を過ぎても付き合ってくれている狸の神様は特別に親切だということになります。狸の神様ならではの優しさだと思いました。

「狸の神様、やっぱり4時まででした～」

「そうだろう？　また来るか？」

「はい。また来ます。この2社にご挨拶をしに来ようとは思いますけど……いつになるかはわかりません」

「そうか」

そこが公園の出口だったので、ここで狸の神様とお別れしました。お姿は狸ですが、神様の白い装束を着ています。穏やかな性質の親しみやすい神様なのです。この神様が大暴れしたのはよほどのことだと思います。それくらい大奥というところは闇が深かったのかもしれません。

ちなみに上野東照宮は、関東大震災、第二次世界大戦での焼失を免れているため、強運の神社といわれているらしいです。吉宗さんも狸の神様も魅力があります。東京でまたひとつ、大好きな神社が増えました。

小野照崎神社

台東区下谷

閻魔《えんま》庁に勤めていたといわれる小野篁《おののたかむら》

上野近辺のマップを見ていて、うわ〜、なんだか妙に気になる〜、という神社がここ小野照崎神社でした。神社名しか見ていないのに、そこに大当たりのマークがあるように感じたのです。なんだろう？　この感覚は？　と思ったので、東京国立博物館に行ったついでに、ぶらっと寄ってみました。

鳥居のところから境内を見ると普通の神社です。でも一歩中に入ると、ご神気が独特なのがわかります。どのような神様なのかな？　と社殿の手前にあった由緒板を読んで……驚きました。

【小野照崎神社の祭神は、平安初期の漢学者・歌人として著名な小野篁である】と書いてあったのです。えええーっ？　小野篁？　がおるん？　神社に？　と思いました。

小野篁は嵯峨《さが》天皇に仕え、参議にまで出世した人物です。由緒板に書かれているように学者、歌人としても有名です。遣唐使として2回、唐に向かって出発したのですが、2回とも船が難破して失敗しています。

その後、嵯峨天皇の怒りにふれて隠岐《おき》に流され、政治生命が終わった、と誰もがそう思っていました。それなのに2年後に見事復活をするのです。この出来事から、冥土にコネを持つ人物だと噂されるようになりました。昼間は朝廷に出仕して、夜は閻魔庁に勤めているという伝説が作られました。ちなみに閻魔庁での仕事は裁判の補佐だそうです。

京都にある「六道珍皇寺《ろくどうちんのうじ》」には、小野篁が冥界に行く時に利用していたという「冥土通いの井戸」があります。井戸があちらの世界への扉となっていて、井戸に飛び込んで冥界に行っていたみたいです。その井戸から細い道を少し奥へ行くと、冥界からこの世に戻ってくるための「黄泉がえりの井戸」もありました。お寺には小野篁像が安置されており、その像はなんとも言えない素敵な表情をしていました。

私は六道珍皇寺を隅から隅までしっかり拝観しましたが（特別公開日だったのです）、小野篁ご本人には会えませんでした。会ってはいないけれど、存在として感じられるのは仏様でした。閻魔大王も仏様ですし、六道珍皇寺に小野篁が使った井戸や小野篁像があったことに違和感はありませんでした。

ですから、私は小野篁は仏様になっていると思ったのです。何気なく参拝した神社のご祭神が小野篁であると知って、ビックリ仰天した！　というわけです。

とりあえず拝殿の前で手を合わせ、柏手《かしわで》を打ったら、なんと！　ご本人が出てこられました！　ひょえ〜、いるやん！　小野篁、ここにいるやん！　あ、いや、小野篁様、おられますやん！　と心の中で大絶叫しつつ、祝詞を唱えました。

しかし、祝詞の最初の部分でピタッと頭の中が真っ白になったのです。ん？　あれ？　まったく先が思い出せない……というか、今、どこまで唱えたのかもわからない、という状態になりました。ド忘れの超強烈バージョンです。

あちこちを参拝していたら、こういうこともたまにあります。心を落ち着けて、もう一度最初からやり直せば問題なく唱えられるので、やり直したのですが……またしても、すぐに真っ白になりました。

深呼吸をして、うりゃー！　と気合を入れてやり直しましたが、ダメでした。すると
そこで、声が聞こえたのです。非常に厳かな雰囲気の声で、

「私に祝詞は違う」

と。

「えー！　違うって、ここ神社ですよね！」

思わずツッコミを入れてしまいましたが、祝詞はやめて、ご挨拶と自己紹介をしました。


ここで先に写真撮影をしました。神様にお話を聞く前に写真を撮っておくのが、マイルールです。話が盛り上がったら写真を撮り忘れてそのまま帰ったりするからです。帰宅して、写真がほとんどない、と真っ青になったことが何回もあるのでこのようにしています。

写真を撮ろうとしているところに、茶色の猫がトコトコとやって来て、にゃーにゃーと語りかけます。そして、トコトコとどこかへ先導するのです。なんだろう？　とついて行ったら、そこには稲荷社がありました。

茶色の猫は狛犬の位置に置かれていた手水鉢《ちょうず》の上にぴょんと乗りました（板のフタがしてあったのです）。そこで前足を揃えて、頭も下げ気味にして丁寧に座っていました。狛犬っぽい、というかまさに狛犬の雰囲気です。

猫がいたのは右側だったので、右にいるってことは、左にもいるのかな？　と見たら、ちゃんと反対側にも猫がいました。こちらはキジトラで、右側の礼儀正しい猫に比べ……ド迫力の顔でこちらを見ていました。やや、おっちゃんっぽい猫なのです。

「日本全国の人が見るからね〜。可愛い顔をしてくれないかな？」

そう言って写真を撮ろうとしたら、鼻のあたりにシワをぎゅっと寄せていました。あくびではありません。

狛猫2匹。右にいた茶色の猫（写真上）と左にいたキジトラの猫（写真下）。

わざわざ、むっちゃイヤな顔をして見せたのです。ほ〜、言葉がわかってるやん、と感心しましたが、顔は怖いままです。

「怖いってば〜。全国の人に見せたいから、可愛い顔をしてよ〜」

そうお願いをしてもツーンと無視をしていたので、

「甘いな。まわり込むでぇー。まわり込んで写真を撮るよ〜」と、邪魔だったイチョウの木をまわり込んでそばに寄ってみたら、

「おい！　なんだよ、オメーはよー！」

という顔で睨まれました。猫とは思えないド迫力なのです。お腹丸出しで股を開いた姿勢で座っており、こちらを睨みつけていました。

「ひ〜、すみません」

慌てて失礼しました。なかなか面白い狛猫2匹でした。

このお稲荷さんは「稲荷神社」と「織姫神社」との合祀《ごうし》です。織姫神社、素敵ですね。名前が輝いています。あとから小野篁さんに聞いたところによると、境内社ではなく、眷属がいるそうです。ですから、このお稲荷さんに商売繁盛を叶えてもらおうと思ったら、社殿で篁さんにお願いをします。

直接願掛けをしても聞いてもらえないと言っていたのですが、金運のごりやくはこのお稲荷さんが担当なので、お稲荷さんにご挨拶と自己紹介はしておいたほうがいいです。眷属にわざわざ挨拶と自己紹介をしなくても大丈夫といえば大丈夫なのですが……金運アップを願う人はしておいたほうが実りが大きいです。

安倍晴明さんと同じで「魔」の世界にも顔を出せる

篁さんに質問をしました。

「祝詞が違うということは神様ではないということですか？」

「六道珍皇寺で会っただろう？」

「え？　お会いしましたっけ？」

いや、会っていないと思うんですけど……と、ここで真剣に思い出してみました。

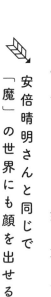

たしかに小野篁像はありました。でもそれは仏像ではなく、人物像という雰囲気でした。私はその時、長々とその小野篁像の顔を見ました。

ああ、あの時に会っていたということなのか……つまりそれは、あの像は人物像ではなく、ちゃんとした仏像で、さらに道がつながっていたということです。けれど、話をするとか、そういう感じの像ではありませんでした。見るためだけの像だったのです。

お寺で会ったということは、お寺にいたということであり……は？　それなのにこの神社でご祭神？　それって一体……と思考の迷路にはまり込んでいたら、

「見てわからぬか」

と言われました。そこで、よーーーーーく見ると、安倍晴明さんと一緒だ！　と気づいたのです。存在の半分は神様ですが、残りの半分は「魔」の世界に通じているのです。うわ～、すごいすごい！　と興奮しました。

「晴明さんと同じなんですね！」

「そうだ」

一般的な神様ではなかったのです。神様と仏様の中間で、晴明さんや牛頭天王《ごずてんのう》と同じです。

しかし、晴明さんとは明らかに、何かが違います。存在は同じで、元が人間だということも同じなのですが、微妙に違うのです。その違いってなんだろう？　と思っていたら、教えてくれました。

まず、牛頭天王は「魔」の世界でも王になれる、と言います。魔物や魑魅魍魎《ちみもうりょう》を従えることができ、統制できるそうです。それくらいパワーがあり、強くて、大きな存在なのが牛頭天王です。

そして晴明さんも、「魔」の世界でも高い位置にいられるそうです。式神を使役していることからもわかるように、晴明さんも鬼神などを従わせるパワーを持っているわけです。

「しかし、私は書記官どまり」

そう言って、篁さんはニコニコと笑っていました。でも、この言葉の裏側には、ご自分でもそのくらいの地位が望みだというニュアンスがありました。自分の性格に合っているというか、この位置が好きみたいです。

「魔」の世界で幅をきかせようと思っているわけではなく、神仏としてもっと大きくなろう、頑張ろうと思っているわけでもなく、書記官という自由にあれこれできて、気軽にあちこちに行ける地位が好きなようでした。

牛頭天王や晴明さんと存在の「種類」は一緒です。神様と仏様の中間で、「魔」の世界にも顔を出せる、そういう意味では同じなのです。しかし、いる位置というか、レベルが違います。

牛頭天王、晴明さんと存在の種類が一緒だということは、できることも同じであるということです。悪想念を祓うことができ、もしも誰かに呪いをかけられていたら、それをクリアにすることもできます。

いろんな神様がいるんだな～、としみじみと思いました。当然ですが、神仏の世界はまだまだ奥が深いです。知らないことのほうが多いのです。

「お寺で会ったということは、あの日、篁さんのあの人物像から顔を出されていたのですね？」

篁さんは、アハハハと高らかに笑います。

「いつもいるわけではない」

そりゃそうだろうな～、と思いました。この神社のご祭神でもあるわけです。もしかしたら、私が知らないだけで、他の神社のご祭神も兼ねているのかもしれません。

篁さんは自分がご祭神の神社や、自分の仏像があるお寺にランダムにあちこち行くそうです。自分が留守のところには眷属を行かせ、眷属に様子を見させていると言います。

参拝者を思う気持ちが強いのだな、と思ったら、どうやら違う理由のようです。いや、それもあるのかもしれませんが、眷属から知らせが来たら急いで行く、と言うのです。

「へぇ〜、なんの知らせですか？」

篁さんのことを心底信仰している人、面白そうな人物、この2パターンの参拝者が来たら連絡をもらうようにしているそうです。知らせが来ると、いそいそとそこに行くわけです。

「何をしにですか？」

「興味がある。だから顔を見に行く」

笑いました。書記官どまりでいいというのがなんとなくわかりました。自由気ままに神様や仏様をしているのです。

「本に書いてもいいですか？」

篁さんは快くオーケーをくれました。しかし、何を書いているのかは眷属に見に行かせると言っていました。

ここでも笑いました。なんでも完全に把握しておきたい！というお人だったのかもしれません。そのきっちりしている性格はまさに書記官向きかも？と思いました。面白い神様です。

不思議に思ったのは、篁さんの衣装です。当時の服を着ています。しかし、上下とも黒なのです。袴《はかま》は真っ黒！　でした。神様なのに？　と思いましたが、神仏半々だからいいのかもしれません。

京都の晴明さんの神社まで行けないという人はこの神社でお願いをしてもいいと思います。同じ系統ですから、ごりやくもほぼ同じです。ただし、叶えてくれるかどうかは、篁さんを信仰する気持ちがどれくらいなのかによるみたいです。

この神社には非常に珍しい「まゆ玉」のおみくじがあったり、庚申塚《こうしんづか》もいくつかあったりして勉強になりますし、富士塚もあります。お稲荷さんのところには、運がよければ生きた狛猫が現れてくれるというお楽しみもあります。

鷲《おおとり》神社

台東区千東

酉《とり》の市は行くだけで運気がアップ

酉の市で有名な神社です。平成29（2017）年の酉の市の時に、一度参拝したことがあります。境内から外の歩道まで、びっしりと人で埋め尽くされており、周囲はごった返していました。参道は一方通行でしたし、数センチずつしか進まなかったため、何がなんだかよくわからないまま参拝を終えました。

今回、平日に行ってみると、境内は意外とひっそりしていて、そんなに広くなかったことがわかりました。長い参道だったように思っていましたが、それもそうではなかったので、酉の市の混雑具合をあらためて思いました。

この神社はまず、神門が平素でも縁起がいいです。神社名を「開」「運」の文字で挟んでいます。門の左には巨大な熊手が掲げられていて、見るだけでも運気アップしそうな飾りが満載です。一見の価値ありです。

参道を行くと正面に拝殿があって、お賽銭箱の上には木製の大きな「なでおかめ」が置かれています。いい笑顔をしているおかめさんです。

いい笑顔の「なでおかめ」。

【鷲神社「なでおかめ」の云われ
おでこをなでれば賢くなり　目をなでれば先見の明が効き　鼻をなでれば金運がつく　向かって右の頬をなでれば恋愛成就　左の頬をなでれば健康に　口をなでれば災いを防ぎ　顎から時計回りになでれば物事が丸く収まると云われる】

このような説明があったので、私は左の頬を撫でておきました。

拝殿の左手の建物は、1階部分が通過できる造りになっています。授与所もあるのでここでおふだなどを買います。2階は「瑞鷲渡殿《ずいじゅわたりでん》」という舞台になっており、境内から催し物が見られるように造られています。

私が参拝を終えた直後に、獅子舞《ししまい》が始まりました。獅子舞は縁起がいいので、飛び上がるほど嬉しかったです。獅子の口をカチカチ鳴らすことで、その音が悪いものを祓い、運を呼び込んでくれるのです。口のカチカチが縁起のいい音なのです。独特の縁起物ですね。

その後、鷲《わし》（？）のお面をつけての舞が始まりました。初めて見る舞でしたが、こちらは舞う人が扇子をヒラヒラさせる拍子に、ご神気が風となって流れてきました。ありがたい舞があるんだな、と思いました（「鷲舞ひ」というそうです）。

ちなみに太鼓は生演奏でした。ですので、太鼓の音で浄化もしてもらえます。私はたまたま獅子舞と神楽《かぐら》を見ることができましたが、せっかく行くのなら、この2つは見せてもらったほうがいいです。お正月ではない時期に縁起のいい獅子舞を見せてもらえるのは、この神社だけかもしれません。

巨大な熊手、おかめさん、獅子舞、神楽など、縁起のいいものが開運をサポートするような神社なので、神様に、

「開運の神様ですか？」

と聞いてみました。

「そのようにしている」

開運をお願いする参拝者ばかりが来るので、そちらを専門にしているそうです。ここの神様は運を与えるとか、人生をよくするとか、そういうごりやくに徹しています。でもそのパワーが強大になるのは酉の市だそうです。

「お前は来たことがあるだろう？」

「はい！　あります」

酉の市では縁起物の熊手が、境内に大量に並べられています。お店がたくさんあって、山ほど縁起物が置かれているのです。その縁起物たちが「場」をパワーアップしています。

実は、縁起物が持つ「運を呼び寄せる」「福を呼び込む」パワーはそんなに大きなものではありません。けれど、数が膨大ですから、強烈なものとなってその日の境内にあるわけです。

それはつまり、縁起物をたくさん集めると「場」のパワーを押し上げるということです。神域だから顕著に効果が出るものの、自宅でもその効果はあると神様が言っていました。ですから、家に縁起物ばかりを並べた「縁起物コーナー」を作ることは、開運につながるというわけです。

話を酉の市に戻しまして、人がひしめき合うほどたくさん境内にいて、その誰もが強い意思オーラをもわもわと発しているため、その作用も大きいらしいです。

人間の意思には力があります。境内に何十人もいる熊手を売る人は、たくさん売りたい！　という意思を持っています。買う人には、いい熊手を買いたい！　開運したい！　金運アップしたい！　という意思があります。

意思の内容はいいとか悪いとか、そういうことではなく、強さによってそこにパワーが生じるわけです。強い思いを抱いた人ばかりでごった返しているので、パワーが充満した空間になっているそうです。

この神社は通常の参拝で願掛けをしても開運はもらえます。けれど、できるなら酉の市の時に行ったほうがいいです。境内のパワーが濃く、密度が高く、そういうパワーと一緒にもらえる開運は、成功の扉を開く力がすごいからです。

神様いわく、酉の市は来るだけで、よい流れをもらって帰ることができるそうです。

通常の参拝だったら、神様に「開運して下さい」とお願いをしなければいけません。

けれど、酉の市だったら、行くだけでよい運気の流れがもらえるのです。さらに願掛けをして、神様に開運をしてもらえたら、それは場の強力なバックアップのオマケつきなので、大開運となるそうです。

待乳山聖天《まっちやましょうでん》

台東区浅草

もしかして、魔神？

本堂に自由に上がらせてもらえる、ありがたいお寺です。

中には授与所があって、そこにお坊さんがひとりおられました。境内にあった由緒板には、十一面観音さんが聖天さんに姿を変えて出現した、と書いてありましたが、本堂内に十一面観音さんの気配はなく、聖天さんの独特の「気」がありました。

天井には龍の絵が描かれています。この絵が仏教の龍とつながっていました。柴又帝《たい》釈天《しゃくてん》の天井にいた龍と同じです。仏様に心酔している龍で、仏様にこうべを垂れており、頭を撫でてもらうような龍です。

驚いたのは、この龍の絵が昭和41（1966）年に描かれたということです。つい最近なのに！　と思いました。でも、道がちゃんとつながっているのです。時間の長さが関係ないのはすごいと思いましたが、どうやらここは聖天さんがつながらせたみたいです。つまり、聖天さんのパワーで開眼した龍なのです。

聖天さんは秘仏であるため、会話をすることはできませんでした。本堂内でおみくじを引き、大吉をいただきました。

外に出たら、本堂左後方に稲荷社がありました。横には「道灌《どうかん》稲荷跡」という石碑があり、ここに太田道灌が勧請《かんじょう》したお稲荷さんがいたらしいです。

「本当ですか？」

とお稲荷さんに確認したところ、

「フフフ」

という笑いが返ってきました。もしかしたら、違うのかもしれません。聖天さんは会話ができない仏様なので（どこでも秘仏のため）、お稲荷さんに質問をしてみました。

「聖天さんって、どういう存在なのでしょう？」

私はここで、吉野山で会った……というか、感じた「櫻本坊《さくらもとぼう》」の聖天さんのお話をしました。櫻本坊の聖天さんはなんとも言えない不思議な存在だったのです。「気」は明るくなく、重たくて、異様な雰囲気が周囲に漂っていました。仏様とは次元の違うオーラが、もわもわもわもわ～っと厨子《ずし》から出ていたのです。

さらに、魔女みたいな小さな女性が、聖天堂の中にあった紐《ひも》というか縄の上に座っていました。「どう見ても魔女ですよね？」という格好で、「あの、もしもし？　ここはお寺ですよ？」とツッコミたくなる洋風コスチュームだったのです。聖天さんの眷属って「魔」の系統なんだ～、と思いました。

もわもわ出ていた「オーラ」と、感覚でしかわからなかったのですが、聖天さんはものすごーーーく強かったです。強いことは強いのですが……清くはありませんでした。ごく普通の仏様……菩薩《ぼさつ》とか如来とか、そういう仏様とは全然違っていました。

神様は白く明るく、輝く感じですし、仏様も後光で隅々まで明るく照らすという感じです。でも、聖天さんは色で表現すれば赤黒く、光るとか照らすとかそういう種類ではありません。赤黒くて、ずっしりと重たくて、底知れぬパワーとエネルギーがある存在なのです。

もしかして、魔神？　という印象でした。牛頭天王のようなあっけらかんとした、明るい神様系の「気」とは全然違っていて、もっと強烈に「魔」に近かったのです。

そういえば……安倍晴明さんが五芒星《ごぼうせい》の情報を得たのは、魔神からだということでしたが（詳細は『にほんの結界　ふしぎ巡り』という本に書いています）、もしかしたら、それって聖天さんかも？　と思いました。感覚的にピッタリだったのは「魔神」という言葉でした。とにかく存在感が異質だったのです。

不思議なことに、櫻本坊の聖天さんは奈良の生駒《いこま》山におられる聖天さんとまったく雰囲気が違っていました。聖天さんという仏様は個人差（個体差）が大きいみたいです。この特徴からすると、仏様ではなくて、存在自体は神様に近いのかも？　ということも思いました。

古代人は、人々を救うために聖天さんを祀ったのではなく……何か大きなことをする時に、魔神の力を使うためだったのではないか、というのが私の推測です。

お稲荷さんによると、聖天さんは「個体」として〝存在している〟そうです。つまり、須弥山《しゅみせん》にいて仏像と道がつながっている仏様ではないのです（詳しくは103ページでご説明します）。

「やっぱり存在自体は神様のようなものですか？」

「そうだ」

「仏様ではないのに、仏教で勤行《ごんぎょう》されてもいいのでしょうか？」

聖天さんは神様と仏様の中間の存在だそうです。ですから、神社とお寺、どちらに祀られてもかまわないそうです。仏様としてお寺に祀られているため、仏様のほうにやや近いということでした。

牛頭天王も神様と仏様の間の存在です。こちらはほとんどが神社に祀られているので、神様のほうに近いです。どちらに祀られてもいいというところは聖天さんと同じです。

牛頭天王は祝詞も般若心経も聞きません。神様でも仏様でもないからです。でも、どちらも聞かないということは、どっちを唱えられてもかまわない、ということです。聖天さんもどちらも聞かないそうです。だから逆に言えば、祝詞でも般若心経でも、どちらを唱えてもいいということです。

ここの聖天さんは櫻本坊の聖天さんほど「魔神」っぽくありませんでした。少しまろやかで優しい感じがしました。聖天さんは1体1体、個性がまるで違います。私の印象で一番穏やかなのは奈良の生駒山の聖天さんです。

牛頭天王がいない地域の人は、聖天さんを参拝するといいかもしれません。神様と仏様の中間ということで両者は似ています。人から飛ばされた悪想念も落とせるので、生き霊とか、イヤな念を落としたい時は聖天さんでも助けてくれそうです。でも、聖天さんご本人にまだお話を伺っていないので、願掛けを聞いてくれるのかどうか、保証はできませんが……。

いつかどこかでお話を聞くことができたら、またご報告いたします。

西新井大師

五智山遍照院總持寺

足立区西新井

塩地蔵や縁起のいい鯉《こい》、見どころ満載

車を停《と》めたパーキングから行くと、裏門のほうが近かったのでそちらから入りました。門を入った左手に「出世稲荷大明神」ののぼりがたくさんあるお社がありましたが、大本堂から行くべきだと思ったので、

「あとからまた来ます」

とだけ言って、表にまわりました。

このお寺は「空海さんだ～」と即座にわかる「気」が、境内に充満しています。ご本尊が十一面観音さんと空海さんなので、空海さんがご本尊である川崎大師（金剛山金乗

院平間寺）と境内の雰囲気が似ているのです。

まず、大本堂に上がってみました。ありがたいことに、自由に上がれるようになっています。お賽銭箱の真ん前に座って正面を見上げると、ご本尊が安置されている厨子は閉まっていました。厨子の正面は扉ではなく、御簾《みす》のような布が下がっています。どうやら秘仏のようです。

ご本尊の右側には薬師如来像、左側には阿弥陀三尊像が安置されており、内陣の真ん中には護摩を焚く「護摩壇」がありました。

軽くご挨拶をしましたが、十一面観音さんはコンタクトができない秘仏だったので、一旦外に出ました。広い境内は見どころ満載です。

ごりやくがありそうだな〜、と思ったのは塩地蔵です。江戸時代にいぼ取りに霊験があったと書かれていました。お地蔵さんの肩や足元に雪のように塩が積もっているのです。この塩を少しいただいて帰り、ごりやくがあったら塩を倍にしてお返しするそうです。

お地蔵さんの体に密着している塩をいただくのですから、他の悩み（体に関することです）にもごりやくがありそうです。

朱色に塗られた三匝堂《さんそうどう》（栄螺堂《さざえ》）もありました。栄螺のお堂といえばどこかで登ったな〜、ぐるぐると回転するように登って、降りる時もぐるぐるとまわったっけ、どこだっけかな？　とさんざん考えて、会津若松だ！　と思い出しました。飯盛山《いいもりやま》にあった三匝堂は大きかったのですが、こちらは小ぶりです。中には入れません。

ついでと言ってはなんですが、日本大百科全書（ニッポニカ）の「さざえ堂」の解説を引用して三匝堂の説明をしておきます。

【サザエの殻のように螺旋《らせん》状に回りながら上り下りするようにつくられた堂。一般に正面から入ると右回りに上り、上り着いてからは左回りに下りて出口に出る。上り下りはそれぞれ階段を異にし、同じ場所を通らない。上下の通路の途中には観音《かんのん》札所を設け、この堂を上下一巡することによって、1回で観音の霊場巡りができるようにつくられている。江戸時代中期から江戸や関東・東北の各地でつくられた。三匝堂《さんそうどう》ともよばれたのは、3回巡る堂の意味で、内部が3層になる。】

大本堂の左奥には池がありました。ハスの花が咲いており、なんとも優雅な雰囲気で

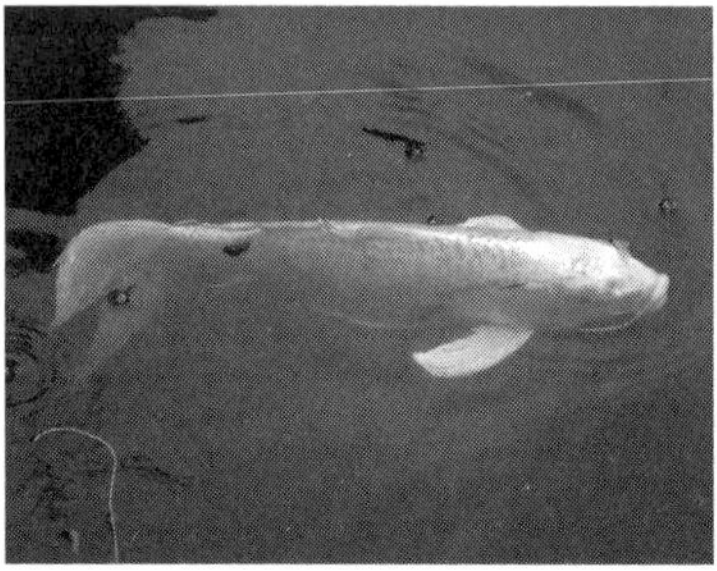
1匹だけいた髭の長い鯉。縁起がいい。

す。池の中には弁天堂があって、奥のほうに行くと十三重宝塔がありました。

池のほとりで写真を撮っていたら、年配の男性（おじいさんと言っても叱られない年齢の人でした）が、突然そばに来て、私に話しかけます。たくさんいる鯉の中に1匹だけ、髭《ひげ》の長いものがいると言うのです。

「ほら！　あれ！　あれ！」

と指差すので見たら、たしかに1匹だけ異常に髭の長い鯉がいました。「うほ〜、縁起いいですね！」と写真を撮りまくりました（笑）。

そして、ここからが驚くところです。

何枚かの写真を撮り終えたその時でした。ちょうど水面を見ていたところに、いきなり！　赤い鯉が！　垂直に飛び上がったのです！　鯉の体が半分以上、水面から上に出てきました。まっすぐに、です。そして少し斜めに体勢を変えて、水中にバッシャーンと落ちました。

えっと？　今、見たものは何？　と一瞬思考が完全に停止したくらい、ダイナミックなパフォーマンスでした。垂直にまっすぐ空に向かってジャンプをしたのです。鯉がジャンプすることをここで初めて知りました。

今まで池のそばにいて、バッシャーンという音を聞いたことはあります。それは飛び魚みたいに、魚が助走をつけて勢いよく前方向に飛び出るのかと思っていました。違うんですね〜。珍しいものを見せてもらえてありがたかったです。

さすが空海さんです。京都の「神泉苑」で見せてくれた、生きた玄武《げんぶ》（生きている亀の甲羅に生きたヘビが乗っていたのです）もそうですが、他では見られない珍しいものを見せてくれます。残念ながら鯉のジャンプは写真には撮れませんでしたが、縁起のよい歓迎のサインをもらえて嬉しかったです。

昔はここで滝行をしていたのかな？　という人工の滝があったり、女人堂や小さなお堂である奥の院もありました。境内をあちこち見ていたら、マイクで何かを放送しているのが聞こえてきました。時計を見たら、午後1時55分です。

もしかしたら！　護摩祈禱を見せてもらえるのかも！　とその場でネット検索をすると、2時からとなっています。きゃっほ〜、と喜んで大本堂に戻りました。大本堂内ではお坊さんがお話をされており、その後護摩祈禱が始まりました。

すべての人間を思う、空海さんのあたたかな心

法要をするお坊さんは7人です。真ん中のひとりだけ赤い法衣《ほうえ》を身につけていて、残りの6人は緑色の法衣でした。全員が、金糸と赤い糸で刺繡が施《ほどこ》された袈裟《けさ》をつけていました。中心に赤い法衣のお坊さんが座って、護摩を焚きます。緑の法衣のお坊さんは3人ずつ、左右に分かれます。

最初に唱えられていたお経では空海さんは出てこられませんでした。この時に、参加者はお坊さんにお祓いをしてもらえます。それから護摩が焚かれます。

護摩が焚かれてから般若心経が始まりました。般若心経に合わせて、護摩の炎がぶわ〜っと大きくなります。おぉ〜、すごいな〜、と見ていたら、空海さんが「弘法大師如来」みたいなお姿で出てこられました。

川崎大師で初めてこのお姿を見たのですが、ご本尊として護摩を焚かれている空海さんは、強烈に力が強くなっています。よって、そこに現れる空海さんはそのレベルが自

然と表現されるのか、如来みたいな前がでろ〜んとなったようなお召し物で出てくるのです。

般若心経が始まったら出てきたということは、空海さんは本当にこのお経を大事にしているということです。

高野山でご本人に聞いたことがあるのですが、仏様は仏教徒でなくても、信仰心がある人を平等に救い、守ってあげたいそうです。

金銭的にお坊さんを頼る余裕がない、お坊さんの知り合いもいないし、懇意にしているお寺もない、宗教組織がどうしても苦手など、そのような事情で亡くなった人にお坊さんの供養をあげられない人がいます。

でも、仏様は大好きで、信仰心も厚い……このような人には仏様のほうでもなんとかして力になってあげたいのです。般若心経は一般人でもセルフで唱えることができます。般若心経自体が持つパワーで仏様にも近づけます。唱えることで自分やご先祖様を癒やしたり、悪いものから身を守ったりすることもできるのです。

空海さんは亡くなる前に般若心経をパワーアップさせるためにできる限りの準備をしたと言っていました。そして、仏様になり「仏のパワー」を使えるようになって、その作業を完成させたそうです。

般若心経が始まると、場の雰囲気や空間の強さなどが明らかに変化します。空海さんが本当にこのお経を大事にしているということがよくわかります。

般若心経が始まって、出てきた空海さんを見たら……涙がどっとあふれました。空海さんの神々しさと空海さんがしてきたことを考えると、尊くて、涙が出るのです。人間は尊いものにふれると涙が出ます。

般若心経を大事にしているその真意……それは私たち人間、みんなを思ってのことです。それがストレートに伝わってきます。ありがたくて、泣かずにはいられませんでした。

お賽銭箱の横に「南無大師遍照金剛」と大きく書いてあり、その「遍照」の2文字だけが光っていました。遍照とは、隅々まで行き渡るように照らす、あまねく世界を照らす、という意味です。

空海さんは長い年月をかけて、仏様のことを伝えてきました。ご自分が仏様となった今では、ひとりひとりに寄り添い、誠意あふれるあたたかい恩恵を与えています。隅々まで照らすという言葉がピッタリそのままのお方なのです。

滂沱《ぼうだ》の涙でぐすぐすとしばらく泣き、感激が一段落すると、質問が頭に浮かびました。大きな弘法大師如来として出てくる空海さんと、等身大のお坊さん姿で出てくる空海さん、この2体の空海さんが同じだとは思えないのです。そこを素直にそのまま聞いてみました。

「同じだ」

う〜ん、そう言われても、どう見ても同じではありません。如来のほうは大きいし、光っているし、服も違うし、雰囲気が若干厳しいです。お坊さん姿の空海さんは等身大で人間の大きさです。如来姿より、もっと形がクッキリしています。雰囲気も親しみやすいです。

お姿の違いから、どうしても仏格まで違うように感じるのです。でもたしかに、どちらも空海さんなので同じといえば同じなのかもしれません。

では、ご本尊となっている弘法大師如来にお願いをするのと、お坊さん姿で横を歩いてくれる空海さんにお願いをするのは、同じなのか？ ごりやくに差はないのか？ そこも続けて質問しました。

「同じだ。お前は高野山でワシに願掛けをしたではないか」

あ、そうそう！　そうでした！　私は高野山で、横にいたお坊さん姿の空海さんに、一生に一度のお願いとして健康でありますように、と願掛けをしました。そしてそれは驚くべき方法で叶えられたのです（半年で9・5キロ痩せ、高めだった血圧が正常になりました。詳細はブログに書いています）。

たしかに等身大の空海さんにお願いをしても、信じられないほどの奇跡は起こり、ビックリするような方法で願掛けも叶います。ですから、等身大の空海さんにお願いしても、ご本尊となって護摩を焚かれている弘法大師如来にお願いしても、どちらも同じように叶うわけです。空海さんご本人も、どちらに願掛けしてもかまわないと言っていました。

信仰を集めている仏像ほどパワーが強い

このお寺ではご本尊が真ん中で、左に阿弥陀如来、右に薬師如来です。仏教では一番位が高いのが「如来」で、仏教の定義では、空海さんは如来でも菩薩でもないし、明王でもありません。天部でもないのです。つまり、位としては一番低いわけです。

その空海さんが真ん中にいて、如来が脇侍でもいいの？　と思いました。阿弥陀如来も薬師如来も、他のお寺ではご本尊です。ご本尊として祀られている仏像は神々しく、パワーも強大です。けれど、ここでは空海さんの脇侍で小さめの仏像なのです。そこは問題ないのかな？　と思いました。

もしかしたら脇侍となっている場合、つながっている道が細いのかもしれません。メインではない小さな仏像なので、道が細い、もしくは道が薄いのかも？　と思いました。空海さんに聞くと、ここの2体の仏様に関しては、ご本尊として祀られている仏像とつながりは同じだと言います。道の太さとか濃さも同じだそうです。ただ、出てくる仏様のパワーが違うそうです。

仏様はその仏像が置かれている環境（その仏像がどれだけ信仰されているのか、どのように勤行されているのか、お坊さんにどれくらい大切にされているのか、お世話をするお坊さんたちの心根がどれほど素晴らしいのかなど）の違いでパワーが決まります。一律ではないのです。

私の祖父母の家には、神棚のような感じで仏棚がありました。そこには「お大師さん（祖父母がこう呼んでいたので、私の中でも当時あった空海さん像の呼び方はお大師さんです)」がいました。

空海さんに道がつながっていたのですが、その像を拝むのは家族だけでした。なので、そこに出てくる空海さんと、川崎大師やここのお寺に出てくる空海さんとでは、パワーがまるで違います。これはもう、別人(別の仏様)と言ってもいいくらいの違いなのです。存在の大きさや、神々しさ、力が全然違います。けれど、つながり具合は同じだというこことでした。

脇侍の如来は「脇侍」というポジションであること、このお寺ではご本尊ほど信仰を集めていないなどの理由で、パワーがセーブされているのです。

お寺にいるお稲荷さんに柏手は打つ? 打たない?

空海さんは護摩祈禱のあとも横にいてくれたので、いろいろとお話をしつつ裏門のほうへ行き、そのままうっかり帰ろうとすると、

「稲荷に挨拶をするのではないのか?」

と注意をしてくれました。

「うわぁ！　危ない危ない、忘れてました！」

そう叫ぶと、空海さんはガハガハと笑っていました。

お稲荷さんにご挨拶をして、

「出世をさせてくれるお稲荷さんと書いても大丈夫ですか？」

とお聞きすると、

仕事のスケールを大きくしてくれる出世稲荷大明神。

「スケールを大きくしてやる」

というお返事をいただきました。スケールを大きくしてもらえるということは、会社勤めの人にとってはまさに出世です。地位が上がりますし、任される仕事のスケールが大きくなります。

フリーランスや自営業の人の場合は、入ってくる仕事のスケールが大きくなります。商売だったら、その規模が大きくなり繁盛するので、儲《もう》かるお金も大きくなるそうです。

ちなみに、このお稲荷さんはお寺の境内にありますが、鳥居をくぐってお社の前に行きます。ぼ〜っとしていたら、「鳥居をくぐる、イコール、神社」ということで、ついパンパン！　と2拍手をしてしまいます。私もうっかり2拍手をしたら、お稲荷さんが、

「おいおい、違う、違う」

と苦笑いしていました。あ！　しまった、ここはお寺で、仏様のほうだった！　と気づきました。


ここでお寺にある稲荷社の柏手について書いておきます。

稲荷社はお寺の境内にあっても、鳥居が立てられているところが多いです。お寺だけど柏手を打ってもいいのだろうか……と、悩まれる人がいるかもしれません。

お寺ではその鳥居の向こうに、どなたが祀られているのか、で判断をします。

豊川稲荷東京別院を例にしますと、奥の院には鳥居があります。その奥に祀られているダキニ天さんは「仏様」ですから、そこにいくら鳥居があっても、仏様なので柏手は打ちません。

高野山の「壇上伽藍《だんじょうがらん》」も思いっきりお寺の境内ですが、奥のほうには「御社《みやしろ》」があり

ます。御社の鳥居の奥にある社殿に祀られているのは、一宮が丹生《にう》明神、二宮が高野明神です。丹生明神も高野明神も神様です。

丹生明神の社殿は、本家の神社（丹生都比売《つひめ》神社）と太いパイプでつながっていて、その神社から眷属が来ています。眷属は仏様ではありません。よって、いくら高野山の壇上伽藍の境内でも、この社殿では柏手を打ってご挨拶やお話をします。眷属が来ていないとしても、祀られているのは神様なので柏手を打ちます。

このように、そこに祀られている（そこに来る）のが神様なのか、仏様なのかで判断をします。

お寺にいるお稲荷さんは仏様の眷属というパターンが多いです。お寺の中で独立したようなお社になっていても、本堂とは別のお社に見えても、親分が仏様ですから柏手は打ちません。でも、お寺のほうで「柏手を打って下さいね」というところでは、柏手を打っても大丈夫です。

どなたが祀られているのかよくわからない時は、柏手は打たないほうがいいです。お寺の境内だからです。

ただこれも、間違えたからといって仏様や眷属に叱られることはありません。仏様も眷属も、ちょっぴりムズムズして、「柏手はここでは違うんだがな～」と思う程度です。お寺なのに、もしも間違えて祝詞を唱えたとしても、「違う言葉だけどなぁ」と思われるくらいです。間違えたからといって、願掛けを聞かないとか、叱ることはありません。

最後に、新しい発見についてお伝えしておきます。

護摩祈禱の前……境内を散策している時に空海さんはすでに出てきてくれていました。この時は普通のお坊さんのお姿です。一緒に境内をまわってくれて、お話もしていました。大本堂に上がった時も横にいました。

そして、いよいよ護摩祈禱が始まるとなったら、横に座っていた空海さんがパッと消えたのです。本人だけが消えたというか、抜けたというか……なので、着ていた法衣だけが残りました。ほどなくその法衣もふにゃ、と崩れました。崩れた法衣は何秒かそこにあって、それもフッと消えました。

同時に2体、別のお姿で出現することはないのですね。ですから、法要の間はご本尊に集中したほうがいいです。護摩祈禱が終わって、弘法大師如来が消え、少しすると……また隣に、普通のお坊さん姿で出てこられました。

葛《か》西《さい》神社

葛飾区東金町

お金の念の垢《あか》を落としてくれる撫蛇《なでへび》様

境内は予想していたよりも広くて「広々としてるな〜」が、第一印象です。表参道から行くと、鳥居をくぐった右側に池がありました。私が行った時は水が抜いてあったので、たぶん新型コロナウイルスの感染拡大防止対策で水を抜いていたのだと思います。

池があるエリアの隅には弁天社がありました。普通のお社ではなく、大きな岩に小さな穴があけられていて、そこに扉がつけられていました。

岩のお社の前には「撫蛇様」と立て札に書かれた、白いヘビの石像があります。台座

ハンサムな白いヘビの石像。

には「招福開運」と書かれており、縁起がよさそうです。この石像がものすごくハンサム！　なのです。スッキリとした男前です。え？　ヘビなのに？　と思われるかもしれませんが、見事なほど美形に作られていました。ごりやくがありそうな表情をしていて、作った人のセンスのよさが光ります。

私がまじまじと見ていると、入っている眷属がニッと笑いました。愛嬌《あいきょう》もあります。

「この岩のお社の中に、弁天さんがいらっしゃるのですか？」

「もういない」

え？　そうなん？　と思い、手を合わせてみると、本当に弁天さんはいませんでした。以前はいたそうです。弁天さんはいなかったのですが、眷属の白ヘビは20～25体くらい、うじゃうじゃといました。

弁天さんがいなくなっても眷属は残っている、というところは、ここだけではありません。佐賀県にある「脊振《せふり》神社（下宮）」もそうなのです。

私は残っている眷属を見た時、どうして眷属だけが残っているのだろう？　なぜ、弁天さんは眷属を連れて行かないのだろう？　白ヘビたちは置き去り？　という思いを抱きました。なんだかちょっぴり悲しい気持ちになったのです。それで、脊振神社の神様に聞いてみました。

「弁天さんは白ヘビたちを連れて行かないのですか？」

すると、神様は、

「弁財天は道を閉ざす」

と言いました。あ！　そうだ、そうだった、とそこに気づきました。脊振神社も神社なので、つい神様と同じように考えていたのです。けれど、弁天さんは仏様だから、実際にそこに鎮座しているかどうかではなくて、道が通じているかどうか、なのです。

神様と仏様の違いがまだよくわからない、という方のために軽く説明をしますと……。

神様という存在はご本人が神社におられます。仏様という存在は、ご本人は須弥山などの別の場所にいて、お寺の仏像から顔を出したり、仏像から出てきたりします。仏様が出てくることのできる仏像は仏様と道がつながっていますが、道がつながっていない仏像はただの像というわけです。

眷属の白ヘビたちは仏様ではありません。白ヘビの仏像があって、そこから顔を出す存在ではないのです。神様や神様の眷属と同じく、「個体」として神社にいます。境内に実体が存在しているのです。

それはつまり、もともと実体が須弥山にいる弁天さんとは存在自体が違う、というわけです。弁天さんは仏像やご神体との道を閉ざせば、もうそこからは出てきません。いなくなります。

弁天さんは道を閉ざすだけですが、白ヘビは弁天さんのように道を閉ざす存在ではありませんから、神社に残るしかないのです。親分である弁天さんが来なくなったからといって、弁天さんがいる須弥山に白ヘビは行くことはできません。仏様ではないからです。

逆に、弁天さんが眷属である白ヘビをどんなに須弥山に連れて行きたくても……連れて行くことができないのです。白ヘビには須弥山に行く資格がないためです。ですので、弁天さんがいなくなっても眷属である白ヘビたちは残っているというわけです。

このように、白ヘビだけがたくさん残っているところは他にも何ヶ所かあります。

弁天さんの眷属である白ヘビは、お金の念の垢を落とすという特徴があります。

お金には、そのお金が渡り歩いてきた（そのお金を過去に持っていた）人々の念が蓄積しています。お金に対する執着が念としてこびりついているので、なかなか消えません。

この念の垢をクリアにすれば、念の垢が占めていた容量分のスペースができます。ここにお金がスルスル～ッと入ってくるのです。これが一番簡単な金運アップの方法です。念の垢が落ちたお金はサッパリと爽やかになっていますから、お金のお友だちを引き寄せやすく、それから先も徐々にお金が入ってきます（詳細は『神様が教えてくれた金運のはなし』という本に書いています）。

弁天さんがいない今は、ハンサムなこの白ヘビがここを取り仕切っているのだろうと思って、この件について質問をしてみました。

「今は池に水がないし、この神社はコインを洗うところもありませんが、お金の念の垢は落としてもらえるのでしょうか？」

「うむ。落とす！」

力強く答え、続けて白へビはこう言いました。

「ここに参拝する人は……少ない」

というわけで、「願いに来たら一生懸命に落とす」とのことです。お金の念の垢を落としてほしい人は、この神社にお願いに行くといいです。岩の弁天社ではなくハンサムな白へビ像にお願いをします。ここに白へビのボスが宿っているからです。

最近は参拝者が少ないので、来たら嬉しいと言っていました。ちなみに、ハンサムな白へビ像の頭は撫でてもかまわないそうです。性質が柔らかく、人間に対して親しみを持っているので、頭を撫でられることをまったく失礼だと思っていません。むしろ、信仰の現れとしてとらえていますから、撫でて、その手で自分の体を撫でるといいです。

香取神宮から来たパワーの大きな神様

本殿のご祭神は千葉県香取市にある「香取神宮」から勧請をされたそうで、神様にそこを聞いてみると、

「そうだ」

というお返事でした。由緒通り、元は香取神宮にいた神様なのです。香取神宮がある土地と東京では、土地自体が違うように思ったので、そこも質問してみました。

「勧請されて来てみたら、そこの土地が自分と合わない、ということはあるのでしょうか？」

めったにないけれど、あることはあるそうです。土地がよくないところとは合わないそうですが、そこは神様ですから、自分がその土地に鎮座することによって、波動・ご神気などで、ある程度整えたり、変えたりできるらしいです。

土地は「地球」の一部です。岩や石のような小さな物体とは違います。巨大な惑星の一部分ですから、いくら神様でもそのあたり一帯をすべてよい土地に変えてしまう（パワースポットのようにする）ことはできないそうです（土地の記憶を消すという浄化はできます）。

地球的によくない土地でも自分が鎮座できるレベルにする、神域として高波動を保てるくらいにまでは変えられる、というわけですね（境内という狭い範囲限定で、自分がそこにいることが条件だそうです）。

「この土地はお好きですか？」

「好きだ」

ハッキリと即答していました。

「あの？」

「ん？」

「勧請されて来たら、もう香取神宮には帰らないじゃないですか。ずっとこの神社にいる、となりますよね？　永住みたいな感じで。それはどうなのでしょう？」

「それくらいの覚悟はしてくる」

神様は朗らかに笑っていました。神様にとっては当たり前のことを、人間の私が大変なことのように尋ねたので、それがおかしかったようです。ここは土地も人もいい、と神様はニコニコと補足をしていました。

弁天さんの眷属の白ヘビもにこやかですし、白ヘビは撫でられる時に頭を下にして撫でやすいようにしていました。猫とか犬みたいに可愛いところもあるのです。ほんわかとしたいい神社です。神様は香取神宮にいたので、パワーも大きく、少々大きな願掛けをしてもバッチリです。

境内には泣き相撲のポスターが貼ってありました。この神様は赤ちゃんも好きだろうな〜、と思いました。境内社もたくさんあって、ゆっくり見てまわるのも楽しいです。富士山を信仰する小山もありました。元禄8（1695）年に彫られた「鍾馗《しょうき》」という石像があり、こちらは歴史を感じさせるお姿でした。

狛犬が連なった石像。向かって一番右側がしゃべる。

狛犬が5体連なってひとつの石像となっているものがさりげなく置いてあって、これがものすごぉぉぉーーーく気になります。そばまで行ってまじまじと見て、

「気になるわぁ〜、この石像」

と言うと、中に入っている眷属が明るい顔で、

「気になるだろう？」

と嬉しそうに笑っていました。気にしてもらえるのが嬉しく楽しいみたいです。もう一度、

「ええ、ものすごーく気になります」

と語りかけると、もうニッコニコで満足していました。

5体の一番右側がしゃべります。なんでそこに入っているのだろう？　と思いましたが、茶目っ気のある眷属です。

社殿の右奥には古い鳥居がありました。「石造鳥居」だそうで、宝暦13（1763）年に作られています。昔の鳥居ですから低いです。昔の人は背が低かったんだな〜、としみじみ思う低さでした。今なら頭をガツンと打つ人続出だろうなと思いました。

ここにも石仏がありました。眷属は中に入っていませんが、独特の顔をした狛犬も可愛いです。見るものがいっぱいで楽しめる神社でした。

しばられ地蔵
南蔵院

葛飾区東水元

叶えてもらうコツは内容を細かく伝えること

境内に入ると空間がスカーッとしているのを感じます。「お・て・ら」という「気」が流れているのです。ああ、しみじみとお寺だわ〜、仏様の波動が気持ちいい〜！　という寺院です。

山門を入って左手に本堂があり、その奥に聖徳太子堂がありました。ちなみに、聖徳太子像は金色の厨子に入っていて見ることはできませんでした。その横に、つまり門の正面に縄にしばられたお地蔵さんがいます。

ここに来るまで、グーグルマップで「しばられ地蔵」という「文字」は見ていましたが、写真などは一切見ていなかったので、本物を拝観して「うわ！　本当に縄でしばられているんだ」と驚きました。

体の細いお地蔵さんですが、縄でぐるぐる巻きにされているため、ふっくらして見えます。お堂の中に安置されているのではなく、外に置かれていて、屋根だけの建物が造られていました。

「願かけ縄」は1本100円です。お地蔵さんのそばに用意されています。願い事を念じながらこの「願かけ縄」でお地蔵さんをしばります。そして、願いが叶ったら縄をほどきに来る、というわけです。

他にはないここだけの願掛け方法です。お地蔵さんは元禄14（1701）年に作られ、江戸の名物だったそうで、江戸の人は考えることが面白いですね。

私もお地蔵さんの体に縄をぎゅっと結びながらお願いをしました。すると、お地蔵さんが願掛けの内容を確認するような質問をしてくれました。

「それはこういうことか？」

「その部分はこうなってほしいのだな？」

お地蔵さんからすれば、願掛けを叶えるにあたっての細かい部分の確認です。なんという丁寧なお仕事をなさるのだろう！　と感動です。

ということは、これがしばられ地蔵尊に願掛けをするコツです。まだ仏様の声が聞こえないという人は、お地蔵さん（叶える側）の身になって考えて、細かく補足をしておいたほうがいいです。

願掛けはあらゆることがオーケーだそうですが、商売繁盛と受験合格はちょっと系統が違うかもしれません。お地蔵さんご自身は、健康関係がお得意だと言っていました。淡白なお顔のお地蔵さん像で、しばってすみません！　と言いたくなる雰囲気ですが、中の仏様にはパワーがあります。


しばられ地蔵の横に地蔵堂があって、ここには金色で小さめの仏像が置かれていました。しばられ地蔵にじかに手を合わせているので、ここではお辞儀をするだけでかまいません。

「地蔵籤《せん》」というおみくじがお堂の横にありました。1番から100番まであるので、「100種類もあるのか〜、どれどれ？」と引いてみたら見事に「凶」でした（笑）。

番号は77番です。「おぉ〜、7が2つのラッキーナンバーじゃん♪　大吉だろうな」

と、ワクワクしつつ引き出しから取り出すと「凶」だったのです。ええ、もちろん、おみくじを結ぶところにくくっておきました。「全部！　引き取って下さい」と。

地蔵堂の裏には水琴窟《すいきんくつ》があります。ここのものは素晴らしく美しい音でおすすめです。心が澄んでクリアになっていくような、心を洗われるような音でした。境内がシーンとしているから、音の響きが心によくしみるのです。この水琴窟の音を聞かずに帰るのはもったいないです。

変わった狛犬像が1体だけ置かれていたし、石でできた大きな牛もありました。石像の牛はまたがると出世すると書かれていましたが……いや〜、さすがにおばちゃんはまたがれないです。子どもしか無理だろうと思います。というか「出世する」という文章が若い人向けのような気がします。ということで、背中を撫でておきました。

だるまの「肩」か「首の下」を撫でるとパワーをくれる

このお寺のメインはしばられ地蔵ですが、負けず劣らずパワーのある石仏がもう1体あります。鐘楼《しょうろう》近くに、石でできた「だるま」があるのです。無造作に置かれている感じですが、ビックリすることに道がつながっています。

「あの〜、だるま様、頭を撫でてもいいですか？」

「なぜだっ⁉　人間は皆、どうして頭を撫でたがるのか？」

うっ、と返答に困りました。あらためて言われてみればたしかにそうです。なんで頭を撫でたがるのでしょうか？　頭を撫でると、ごりやくがもらえそうな感じがするからかな？　と思いました。可愛いからという理由は、このだるまに関しては当てはまらないように思います（ひ〜、勇気ある発言ですね〜）。

「えっと、撫でるとごりやくが……もらえそうですやん？」

「頭はやめろ」

「肩だったらいいですか？」

「うむ。そこならかまわぬ」

「首の下の部分でもいいですか？」

「そこもよい」

「頭って……このへんはどうでしょう？」

肩の上のところ、耳のあたりをさわると、

「頭はやめろ！」

とふたたび言われました。よほどイヤなようです。ですので、石のだるまを撫でるなら明らかに「肩である」というところか、「首の下」のみです。そこだったら、パワーをくれるとのことでした。

だるまに願掛けをするのではありません。願掛けを叶える「パワー」をもらうのです。願い事が叶う象徴であるだるまが、自分のパワーをくれるというのですから、このようなラッキーはなかなかありません。南蔵院に行ったら、石像のだるまは絶対にさわるべきです。

石のだるまで撫でていいのは「肩」か「首の下」だけ。

しばられ地蔵に願掛けをして、帰りにだるまに「叶えるパワー」をもらう、これがこのお寺での完璧な参拝です。

余談ですが、ここでは猫がお出迎えをしてくれました。

私は到着して、駐車場に車を停めてから電話をし、20分ほど話をしました。その後、境内に入ったところでお出迎えの猫と会ったのです。

猫はじぃぃぃぃーっと、可愛い顔で私を睨んでいました。お寺には到着していたのに、境内に入るのが遅れたからです。猫はその間、待っていたのです。

「ンモー、遅いやん、何しとったん？」という気持ちが顔に表れていました。

「うわぁ、ごめんごめん！ ごめんね！」と謝ると、のっしのっしと近づいてきて、私の横を「ツーン！」と歩いて去って行きました。猫なりに抗議の気持ちを表現していました。でも、お出迎えはしてくれたのです。

こういうのも、神社仏閣参拝の楽しみのひとつです。神仏がその様子を見てウフフと笑ってくれるので、参拝者本人が気づいていなくても、なごやかなよい参拝をさせてもらっているのです。

23区東部エリア ――過去に紹介した神社仏閣

● **平将門北斗七星**

鳥越神社、兜《かぶと》神社、将門塚、神田明神、筑土八幡神社、水稲荷神社、鎧《よろい》神社の順番でまわると、一筆書きで北斗七星を描けます。7ヶ所でそれぞれのごりやくがもらえ、北斗七星を完成させると、特別なご褒美もいただけます。ご褒美は人によって、日によって違うため、何回でもチャレンジができて楽しめます（次に挙げる以外の3ヶ所は212ページ参照）。

○ **鳥越神社**〔台東区鳥越〕

古い時代の武士で、親近感の湧く気さくな神様が鎮座しています。境内社には安産がごりやくの女性の神様もおられます。

○ **兜神社**〔中央区日本橋兜町〕

狼《おおかみ》の神様がいる神社です。他者に「勝つ」というごりやくが専門で、同業者に勝つようにしてくれるため、商売繁盛や金運に強いです。

○ **将門塚**〔千代田区大手町〕

ここはスピリチュアル的に大地にとって重要な土地です。空にまでパワーがひらいているパワースポットでもあります。カラス天狗の眷属が守っています。

○神田明神〔千代田区外神田〕

平将門さんが鎮座している神社です。夜に参拝をしても問題ないという珍しい神社でもあります。噴水のしぶきには将門さんの強い波動とパワーが入っていて、よくないものをクリアにしてくれます。あかりちゃんという神馬がいて、つれない態度が可愛いです。

●銀座八丁神社めぐり〔中央区銀座〕

銀座で毎年秋に催されるイベントです。11社（年によって違うそうです）をまわるスタンプラリーで、このイベントでしか会えないお稲荷さんもいます。ご縁をもらえたら、銀座で豪遊クラスの富をもたらす神様もいるので見逃せません。銀座を楽しみながら神社めぐりができます。

●金刀比羅宮《ことひらぐう》 東京分社〔文京区本郷〕

香川県にある金刀比羅宮から、大天狗とカラス天狗が交代で来ているという神社です。両天狗が来るのはたまにですが、来ていない時でもこちらの声は四国の本社に届いています。

●**根津神社**〔**文京区根津**〕

境内社の駒込稲荷のお稲荷さんはパワーがあって強く、乙女稲荷のほうは狸の神様がおられます。境内社に特徴がある神社です。ご祭神は安心してすべてをお任せできる、どっしりとした包容力のある神様です。にこやかに鎮座しておられます。

●**五色不動**

1日で5ヶ所のお不動さんを参拝すると、不動明王の波動を濃く大量に身につけることができます。五色不動に限らず、どのお寺のお不動さんでも効果は同じです。憑いているすべての悪いものを、1日で爽やかに消してくれるのです。さらに波動のおかげで、しばらく悪いものは寄ってきませんから、心身ともに非常に楽に過ごせるようになります（次に挙げる以外の3ヶ所は214ページ参照）。

○**目赤不動：南谷寺**〔**文京区本駒込**〕

本堂とは別に不動堂があり自由に参拝できます。お不動さんとの距離も近いです。

○**目黄不動：最勝寺**〔**江戸川区平井**〕

お寺の方にお願いをして不動堂に入らせてもらいます。波動で頭がくらくらするほどの力を持ったお不動さんがおられます。

● **五柱稲荷神社**〔墨田区緑〕

凜とした自然霊タイプのお稲荷さんです。1回きりの参拝はダメですし、信仰心が薄い人は願掛けを叶えてもらえる可能性は低いです。ですが、何回か通うという人や、信仰心の厚い人には、仕事関係で絶大なごりやくを与えてくれます。

第2章

23区西部エリア

愛宕《あたご》神社

港区愛宕

大都会にある天狗の山

表参道から行くと、長い石段があります。石段手前の鳥居のところに「出世の石段」と書かれた看板がありました。ほ〜、縁起のいい石段なのね〜、と張り切って登り始めたのですが……地味にしんどかったです。ヒーヒー言いながら登りました。

登ったところに由緒板があったので読んでみたら、このように書かれていました。

【寛永十一年三代将軍家光《いえみつ》公の御前にて、四国丸亀藩の曲垣《まがき》平九郎盛澄が騎馬にて正面男坂（八十六段）を駆け上り、お社に国家安寧の祈願をし、その後境内に咲き誇る源平

の梅を手折り将軍に献上した事から日本一の馬術の名人として名を馳《は》せ「出世の石段」の名も全国に広まりました。】

へぇぇ〜、この傾斜のきつい石段を馬で！　平九郎さんすごいです。きっと、家光公にお褒めの言葉をいただいて、ご褒美ももらったのではないでしょうか。なるほど、将軍に名前を覚えてもらえるだけでえらい出世です。由緒板にはこうも書かれていました。

【万延元年には水戸の浪士がご神前にて祈念の後、桜田門へ出向き大老井伊直弼《なおすけ》を討ちその目的を果たした世に言う「桜田門外の変」の集合場所でもありました。】

へぇぇぇ〜！　そうだったのですね。ここから桜田門まで徒歩で30分はかかりそうですが、こんなに遠いところに集合していたのですね。江戸の歴史が息づいている神社です。

しかし……神社に到着したのは午後4時30分過ぎでした。5時までしっかり見えてコンタクトできる神様もいるので大丈夫かな〜、と思ったのですが、残念ながら、ここの神様はまった

長くて傾斜のきつい「出世の石段」。

くコンタクトができませんでした。仕方がないので、後日、再訪しました。

2回目は失礼のないように午前中に行きました。ふたたび出世の石段をふぅふぅ言いながら登り、社殿であらためてご挨拶をしました。

愛宕神社は日本各地にあります。私はあちこちでこの名前の神社を見てきましたが、じっくり参拝したことがありません。詳しくお話を聞いたことがなかったため、神様に単刀直入に聞いてみました。

「愛宕神社ってどういう神社なのでしょうか?」

本社は京都の愛宕神社、および愛宕山だそうです。日本各地にある愛宕神社には、全部ではありませんが、そこから神様が行っているそうです。

「愛宕神社の特徴はなんでしょう?」

「愛宕山は天狗の山である」

ここでも「へぇぇぇ〜!」と驚きました。天狗がたくさんいるそうです。そう教えてくれたここの神様も天狗です。カラス天狗なのです。黄色のクチバシが大きめサイズで、クチバシってみんな同じサイズじゃないいんだな、と知りました。同じくらいの体格でも、クチバシのサイズはそれぞれみたいです。
顔も大きかったです。長野県の飯縄山《いいづなやま》にいたカラス天狗もかなり大きかったのですが、さすがにあそこまではありません。けれど、そこそこ大きいです。顔が拝殿内部くらいでしょうか。横にあった授与所くらい大きいです。顔だけの大きさが、です。もちろん、強い力がある神様で京都の愛宕山から来たと言っていました。

「天狗という神様を参拝すると、何か特典がもらえるとかありますか？　参拝に来たら、こういうことをしてやるぞ～、みたいなものがあるのでしょうか？」

これは読者さんにとってお得な情報が聞けたらいいなと思ってした質問です。カラス天狗さんの答えは、人間に参拝してほしくて特別に何かをすることはない、でした。

「天狗には驚異的な瞬発力というか、運動神経がありますよね？　私、福岡県と大分県にまたがる英彦山《ひこさん》という山で、大天狗さんに救ってもらった経験があるんです。危険な状況になった瞬間に、大天狗さんが私にスッと乗っかってくれたため、ありえないくらい敏捷《びんしょう》に動くことができました。そのおかげで、どう考えても大ケガをしていただろうというところで、かすり傷ひとつせず無事だったのです。そういうごりやくに強いのではありませんか？」

天狗が乗っかってくれると、背中に羽でも生えたかのように軽い身のこなしで動けます。体が重力の影響を受けないようになると言っても、過言ではないくらいでした。そこを聞いてみたのです。

カラス天狗さんが言うには、たしかに瞬発力がつくとか、身が軽くなるということはあるそうです。でも、それは天狗がその人に乗っかった時に起こる現象、効果です。飛ぶように走れたり、全然疲れなかったり、高くジャンプができたりするのです。

「それってスポーツ選手が競技の日に、天狗に乗っかってもらえたら、すごい記録が出るってことじゃないですか？」

ワクワクして質問をすると、カラス天狗さんは、

「…………」

と、しばし沈黙して、真面目な顔でこう言いました。

「それはお前の言葉で言うと、ズルではないのか？」

「あ。そうですね！」

カラス天狗さんは苦笑していました。でも、その人が持っている運動能力を最大限発揮できるようにすることは、ごりやくとして与えられるそうです。ですから、スポーツ

をする人は事前にお願いをしておくといいです。新記録が出せるかもしれません。やはり、天狗はそっち系（高く跳躍する、速く走る、速く泳ぐ、身が軽くなる、敏捷に動くなど）に強いのです。カラス天狗に限らず、天狗は皆そうだと言っていました。愛宕神社がある一帯は高級なビジネスエリアでもあり、地価も高そうです。そうなったのは、このあたりに住んでいた明治時代や大正時代の人がお金儲けの願掛けに来て、カラス天狗さんが叶えることで街を発展させたからかも？　と思いました。

「そういう金運の願掛けもお得意なのですか？」

「それは……」

そこで、神様はチラッとお稲荷さんを見て、

「稲荷だ」

と言いました。

厳しいけれど絶大なパワーのお稲荷さん

境内社は社殿の右に3社あります。3社のうちの左が太郎坊となっていましたが、私

にはパワーは感じられませんでした。真ん中はお稲荷さんです。このお稲荷さんが、これまたすごく強いのです。むわぁぁぁ〜とパワーが放出されています。小さなお社の境内社ですが、眷属がいっぱいいます。それも、強くて厳しい眷属が。

2礼2拍手1礼の軽いご挨拶だけをして、その隣を見ようとしたら、

「おい」

と声をかけられました。眷属にです。振り返ると、厳しい口調で言われました。

「祝詞」

「うわ！　すみません！　つい、簡略化してしまいました」

というわけで祝詞を唱えました。あらためて丁寧にご挨拶もして、自己紹介もしました。

よく見たら、厳し〜い眷属が最前列に2体います。ジロリ！　と睨みをきかせているのです。とにかくすごいパワーです！　ここにお願いしたら商売繁盛も叶うわ、と思いました。もちろん高級ビジネスエリアに通用するレベルの商売繁盛です。

ご祭神のカラス天狗さんが、金運は稲荷、と言っていたので、神様のお墨付きです。ただし、厳しいお稲荷さんなので、ご挨拶は丁寧にしたほうがいいです。1回きりの参

拝でも問題ありませんが、願掛けが叶ったらお礼は必ず行かなければいけないお稲荷さんです。

境内社の囲いを出て、ふたたびカラス天狗さんにお聞きしました。

「ビジネスエリアはあちこちにありますが、お金持ちというか、高級な地域になっているところは、その地域にいる神々が発展させたのでしょうか？」

「土地の運命は人間が左右している部分もある」

カラス天狗さんによると、たとえば人間が処刑場を作れば、その土地は処刑場の「気」が染み込んでしまって、そういう土地になるそうです。

皇居の土地にはパワーがあります。皇居のまわりも洗練された都市化を遂げていて、あたり一帯がよい土地となっています。江戸城があの場所に造られた当時はまだそこまで良質ではなかったようですが、のちに徳川幕府となり、天海僧正が江戸城にパワーを埋め込んでから変わったらしいです。運もお金も持った大名が周囲に住み、人の出入りがにぎやかになって、街が活性化していったのです。

もともと皇居のあたりはパワーある土地だったということも関係しています。でも、いくらパワースポットの土地でも、そこに処刑場を作れば、今のようにひらけていません。人間がその土地の上で何をするか、そこに何を作るか、それが土地の運命を決定することもあるのです。

たしかに、江戸城ではなくもしも処刑場が作られていたら……丸の内はあそこではなかったように思います。

出世の石段から「降りる」のはNG

そうだ、出世の石段についても聞こう！　と思い、質問をしてみました。

「出世の石段は、登ったら出世するんですか？」

その瞬間にカラス天狗さんは「カカカカカ」と笑いました。笑い声というよりも「カカカカ」という音がしたような感じです。クチバシで笑うからかもしれません。うわぁ、こんなに笑うんだ～！　と目が真ん丸になったほど、呵呵《かか》大笑していました。天狗がこんなに愉快そうに大笑いするのは初めて見ました(何がツボだったのかは不明です)。

「出世するという石段があると希望が持てるだろう？」

カラス天狗さんによると、希望を持つ、というその明るく前向きな気持ちが大事だそうです。その気持ちが運気をガラリと変えることもあるからです。

この石段は、登るとよい運気の方向に導いてくれます。あ、これだとちょっと表現が違うかもしれません。よい運気の方向に向かせてくれます。そこに自分の前向きな気持ちのパワー（明るく希望を持つことです）を加えると、よい運気のほうに進めるのです。言い方を変えれば、運気の流れをよい方向に変えるきっかけを作れます。ただ単に、石段を登っただけで出世することはなさそうでした。

私は初日の参拝で、出世の石段を登り、出世の石段を降りて帰りました。この日も参拝を終えて、「さて、次の神社へ行かねば」と、石段に近づくと、

「そこから降りるなよ」

と言われました。

「そっち（社殿に向かって右の方向です）から降りろ」

え？　なんでなんで？　神社の入口と出口が違うとは書かれていないし、石段には誰もいないので混んでもいません。出世の石段から降りてもいいいんじゃない？　と思いました。

カラス天狗さんの説明では、出世の石段は「登る」のはいいけれど、「降りる」のはよくないそうです。登れば運気がよくなる石段を、降りるな、とのことでした。というわけで、教えられたところにあった石段を降りました。

駐車スペースと思われる場所には「天狗の木」があります（天狗が座れるような、妙な形の幹や枝を持っている木です）。ここには眷属が座っています。眷属たちのリラックスする場所なのです。池には黄金色の鯉もいて、縁起がいいです。私は授与所でエサを買って与え、黄金色の鯉も含め、鯉たちに喜んでもらいました。

愛宕神社は日本各地にたくさんあります。けれど、ご祭神が全部、天狗というわけではありません。天狗ではない眷属が行っているパターンもあれば、元は人間だった神様がいるところもあるそうです。愛宕神社という名前でも、愛宕山とまったく関係のない神様がいる神社もあるそうです。

「天狗の木」では眷属が座ってリラックスしている。

増上寺

港区芝公園

東京タワーが間近にのぞめるお寺

広大な敷地のお寺です。三解脱門《さんげだつもん》をくぐって境内に一歩入ると、その瞬間にどこからか、すがすがしく爽やかな香りがす～っと寄ってきました。その香りは仏様の波動を濃厚に帯びている特別なお香のようで、一瞬にして癒やされました。

心地よい歓迎をしてくれるお寺です。ほんわかとほのかに香る程度ですから、意識して受け取ろうとしなければわからないかもしれません。

三解脱門をくぐった正面には大殿があり、その後方には東京タワーがそびえています。

私が行った時は大殿が補修中で覆われていたので、残念ながらお堂の外観は見られませんでしたが、そうでなければ一幅の絵のように見えると思います。

大殿には阿弥陀如来坐像《ざぞう》が安置されていました。仏様までちょっと遠いのですが、1体しか置かれていないため、意識は集中しやすいです。質問をすれば、大きな阿弥陀さんが出てこられて、丁寧になんでも教えてくれます。

先に境内の説明からしておきますと、大殿の地下は「宝物展示室」になっていました。階段のところに「徳川将軍家墓所拝観共通券1000円」と書かれていて、徳川家墓所が拝観できることをここで知りました。予想外だったので、ヤッホー！　と大興奮です。

というのは、増上寺は江戸城の裏鬼門だったという情報だけで、下調べなしで訪れていたからです。さすがに徳川家墓所があることは知っていましたが、まさか見られるとは思っていませんでした。なので、ここで一気にウキウキモードになりました。

宝物展示室を見学したあとに、お隣にあった安国殿《あんこくでん》へ行ってみました。お堂の前にある説明板に【家康公の念持仏《ねんじぶつ》として有名な「黒本尊阿弥陀如来」を安置し……（以下省略）】と書かれていたので、念持仏が見られるのかなと思ったのですが、残念ながら秘仏です。年に3回だけご開帳されるそうです。

ちなみに念持仏とは、個人で所有する仏像のことです。戦の時には戦場まで持って行く武将が多かったみたいです。

中に入ってみたら、ちょうど法要が始まる時間だったのでしょうか、数人が静かに座っていたので、遠慮してそのままそっと退出しました。

徳川家墓所へと向かう道の脇には多くのお地蔵さんが置かれています。どのお地蔵さんも赤い帽子をかぶり、赤い前掛けをつけ、風車を持っていました。色鮮やかで明るいお地蔵さんたちです。

お寺によってはこのように供養されていても妙に暗かったりするので、そこにあった説明板を読んでみました。このお地蔵さんは水子地蔵ではなく、子や孫の無事成長を祈って立てたものだということが書かれていました。それで明るかったのですね。

大勢の将軍や正室が今も「いる」

お地蔵さんを見ながら奥へと進むと、徳川家墓所があります。まずは墓所の入口にあった説明板のご紹介です。

【戦前、旧徳川将軍家霊廟《れいびょう》は御霊屋《おたまや》とも呼ばれ、増上寺大殿の南北（左右）に建ち並んでいました。

墓所・本殿・拝殿を中心とした多くの施設からなり、当時の最高の技術が駆使された厳粛かつ壮麗な霊廟は、いずれも国宝に指定され格調ある佇《たたず》まいでした。

その後昭和二十年（一九四五）の空襲直撃で大半が焼失し、残った建物もその指定を解除されました。

（中略）

墓所には、二代秀忠《ひでただ》公・六代家宣《いえのぶ》公・七代家継《いえつぐ》公・九代家重《いえしげ》公・十二代家慶《いえよし》公・十四代家茂《いえもち》公の六人の将軍のほか、崇源院《すうげんいん》（二代秀忠公正室、家光公の実母、お江《ごう》）、静寛院宮《せいかんいんのみや》（十四代家茂公正室和宮《かずのみや》）ら五人の正室、桂昌院《けいしょういん》（三代家光公側室、五代綱吉《つなよし》公実母）はじめ五人の側室、及び三代家光公第三子甲府宰相綱重《つなしげ》公ほか歴代将軍の子女多数が埋葬されています。】

多くの方が埋葬されていることはわかりましたが、墓所はそんなに広くありません。本当にこの狭い一画に？　ここに書かれている全員が？　埋葬されているのだろうか……と疑問に思ったので、スマホで増上寺のホームページを見てみると、そこにはこのように書かれていました。

【焼失した御霊屋郡はしばらくのあいだ荒廃にまかされていましたが、昭和33（1958）年から文化財保護委員会が中心となり、詳細なる学術調査が行なわれ、のち土葬であった御遺体は桐ヶ谷にて荼毘《だび》に付され、南北に配していた墓所は一か所にまとめられ現在地に改葬されました。】

ここでやっと、ああ、なるほど、と納得です。本来は将軍ひとりひとりにそこそこ大きな霊廟が建てられていたのです。正室の方もそうだったのでしょう。しかし、戦争で焼けてしまい、それらの霊廟は再建されることなく、ご遺体だけが改葬され、現在はこの墓所に多くの方が眠っているのです。

墓所全体が見えるところに立つと、そこからしばらく動けませんでした。その時の感情をひとことで表す言葉がないので、細かく言いますと……。

まず、お墓であることがわかります。供養塔が立っているのではなく、墓地なのです。お墓ですが、普通の墓地よりも空間が重たいです。いい意味ではない重さがありました。「いるなぁ」ということも思いました。多くの人が生まれ変わらずに〝ここに〟いるのです。墓所に入った瞬間は「徳川家！」という圧迫感に押されます。皆さん、亡くなってもいまだにその念を強く持っているのです。「我々は身分が高い！」というプライドも墓所内に濃く漂っていました。

どなたも亡くなってだいぶ時間がたっているのに、ずっとそのような意識で、ここにいるわけです。多くの方がです。なんとも言えない気持ちになりました。かわいそうとか、お気の毒とか、そのような失礼なことを思ったのではなく、人間はどこに生まれるのか、誰として生まれるのかで、考えやその後の魂の進み方まで違うのだな、ということを感じました。

文章ではうまく伝わっていないかもしれませんが、行けば「ああ、なるほど。識子さんが言っていたのはこういうことね」と、雰囲気だけでもわかると思います。

2代将軍とその正室であるお江の方の石塔の前に行くと、豪華で鮮やかな着物を着たお江さんがいました。この方も生まれ変わらずにここにおられるんだなぁ、と思ったら、

「生まれ変わって、別の人物になるのはイヤじゃ」

とハッキリ言います。へぇ～！　そうなのか～、と私とは違う考え方が新鮮に感じられました。

私は生まれ変わって別人になるほうが楽しいと思っています。次は男性に生まれれば、今とは違った人生を送れるし、今とは違う経験もできます。女性に生まれても、完全に別の人間ですから、違った人生を一から歩めます。今のこの私のままで、ずーーーーっといるほうがしんどいように思う……というのが私の意見です。

お江さんは、違う人間にはなりたくないそうです。生まれ変わらなければ、性格、姿かたち、考え方などすべて永遠にそのままです。しかし、生まれ変わってしまったら、お江さんではありません。完全に別人です。

将軍の正室のままでいたい、侍女を持つ身分でいたい、美しい着物を着られる人でいたい、浅井《あざい》長政《ながまさ》・お市の方の娘だったことも大事にしたい、という気持ちが強く、2代将軍を支えてきた、家光公を産んで徳川家を守ったというプライドもあります。この自分が好き、この自分のままでいたい、だから生まれ変わらないそうです。

私は今まで、生まれ変わっていない人をたくさん見てきました。赤穂浪士の皆さんとか、森蘭丸さんとか……。でも「どうして？」ということを真剣に考えたことはありません。

豊臣秀吉さんのお母様やお兄さんはわかります。秀吉さんを心配して、という理由があったからです。179ページに書いていますが、秀吉さんは次元の隙間に落ちていたため、おふたりはそのことをとても心配していました。

赤穂浪士の皆さんの場合は時代が変わっても、大勢のファンがお参りに来るからかなと思いましたし、森蘭丸さんは織田信長公が成仏するのを待っているからだろうと思いました。

なにかしら、特別な理由があるか、そうではない人は時代を超えても崇拝されるからだろうと漠然と思っていたのです。

自分という人物、本来なら一代限りで終わるはずの人物を消したくない、このままでいたいという願望があって、それで生まれ変わらない人もいるのですね。生まれ変わらず、神仏にもならず、あちらの世界で仕事もせずですが、でもそれは、お江さんとして存在していたいからなのです。私にはない考えですが、わかるような気がしました。

昔の皇帝や王様が不老不死を願って怪しげな薬を飲んだりしたのは、お江さんと同じ考えなのかもしれません。お金がたくさんあって、地位も名誉もあって幸せ、この幸せをずっと続けたい、この環境を手放したくない、だから死にたくないということなのでしょう。老化するのがイヤだから、死ぬのが怖いから、不老不死の薬を探すのだと思っていましたが、違う理由もありそうです。生まれ変わらない人物のことを、深く考えたことはなかったので、お江さんと会話ができてよかったです。

合祀塔には女性がいっぱいいいました。将軍は家茂さんだけがいませんでした。生まれ変わったのだと思われます。

徳川家墓所を拝観すると、かつての御霊屋の写真を絵葉書にしたものと、当時の増上寺のイラストマップがもらえます。よい記念になると思います。

寺社が鬼門封じに使われるのはなぜ？

さて、ここで鬼門についてです。鬼門は知識として知っています。陰陽道《おんみょうどう》で、丑寅《うしとら》（北東）の方角は鬼が出入りする場所として、忌み嫌われてきました。鬼門と正反対の方角である未申《ひつじさる》（南西）も裏鬼門として、鬼門と同様に扱われてきました。

平安京の鬼門封じに比叡山《ひえいざん》延暦寺が建てられたということで、江戸城の鬼門封じに東叡山寛永寺が寛永2（1625）年に建てられました。神田明神も江戸城の鬼門封じとして、元和2（1616）年に移転させられています。そして、ここ増上寺は裏鬼門の守りだそうです。

調べてみると、幕府をひらく前に現在地に移転させられていて、江戸幕府がひらかれた2年後（1605年）に大造営が開始されています。この経緯から、裏鬼門となっているのはたまたまかな？　と思いました（個人的見解です）。天海僧正が鬼門封じをしたり、江戸城にパワーを注入したりするのはもう少しあとだからです。

鬼門の方角に寺社を置くと、なぜ鬼門封じになるのか？　というのが、私の疑問でした。鬼が神仏を怖がって、鬼門から入ってこないというのであれば、新しく建てたり移転させたりしなくても、すでにある神社仏閣で十分だと思います。鬼門の方角といっても、範囲はものすごく広いので、寺社はいくつもあるわけです。

けれど、鬼門封じとしてわざわざ特別に置くということは、鬼門封じの術か何かを、そのお寺、もしくは仏様に特別にかけるのかな？　と考えてみたりもしました。その呪術パワーで鬼門を押さえるというか、鬼門を封じるというか、鬼門を消すのかもしれません。実際に何がどのように作用しているのか、そこを知りたいと思いました。

阿弥陀さんの説明によれば、鬼門は人間の「信仰心」で閉じることができるそうです。「えええーっ！」と、考えてもみなかった答えにビックリしました。鬼門に置かれた神社仏閣の神様や仏様を信仰する人がたくさん集まることで、鬼門を消すと言うのです。それで大きい寺院や、人気がある寺社を鬼門にもってくるそうです。

この前年に私はたまたま、人間の信仰心には巨大なパワーがあるということを学びました。ですから、この説明も仕組みはすんなりと理解することができました。

信仰を持った人々がたくさん神社仏閣に来れば、神仏を敬い慕う気持ちがそこにいっぱい貯《た》まります。常にその場に、その思いと言いますか、よい念がたっぷりとあるわけです。その清らかでピュアな、波動の高い信仰心の集まり（塊）が「魔」を寄せつけず、跳ね返すのです。つまり、お寺を置いたからといって、そのお寺が鬼門封じとなるわけではなかったのですね。勉強になりました。

もしも、仏様のパワーで鬼門を封じるのだったら、お不動さんをもってくるのでは？と思っていました。将門さん調伏のために、空海さんはお不動さんを使っています。唐に行く時の守りも波切不動でした。仏様のパワーで鬼門から入ってくる鬼を退治するのであれば、お不動さんを置くはずなのです。

けれど、ここのご本尊は阿弥陀さんです。それで、術をかけるのかなとか、仏様はどなたでもいいのかなとか、あれこれ考えていたのです。当時は、阿弥陀さんを信仰する人が多かったから、人をたくさん集めることができるお寺として選ばれたのでしょう。

信仰心が鬼門を封じる、ということで、神田明神をもってきたのも納得です。江戸は将門さんを信仰していた人が多かったからです。中途半端な神社をもってくるよりも、将門さんのほうが断然参拝客が多いと見込まれたのだと思います。

面白いですね〜。この説明を聞いて、天海さんに興味が湧きました。3人もの将軍に仕えたことが当然のように思われました。いつか、どこかでお会いして、いろいろなことについて詳しいお話を聞きたいです。

赤坂氷川神社

港区赤坂

優し〜いおじいさんみたいな神様

私には幕末に生きていた過去世があります。男性でした。当時、流行《はや》りの志士だったので、張り切って江戸にも何回か来たことがあります。この神社は境内に入ったところで、「ああ、ここは明らかに来たことがある。それも過去世で」とわかりました。しっかりとした神社の記憶があるのです。

ご挨拶をしたあと、そこから聞いてみました。

「神様、私、過去世でここに何回か来ましたよね？」

「うむ、来た。しかし、お前ひとりで来たことはない」

「え？　そうなのですか？」

その時の私は信仰心がなかったと神様は笑っていました。神様を信じていなかったそうです。だから、ひとりで神社に参拝に来ることは1回もなかったそうです。誰かに連れられて一緒に来るか、知り合いが参拝をする時に「付き合う」と散歩がてら気楽に来ていたそうです。

そう教えてくれたあとで、神様は当時を思い出したのか、アハハハと楽しそうに笑っていました。反対に私は冷や汗ものです。この時の私は、思ったことをズバズバ言う性格でもあったので、失礼なことを平気で言ったり、失礼なことをしたりしたのかもしれない……と真っ青になりました。

「当時は失礼な人間で、すみませんでした」

一応謝罪しておきました。神様は、覚えていないのか～、みたいな感じでそこはちょっと残念そうでした。

赤坂には時々行っています。行き先は豊川稲荷東京別院で、ここは太い道路に面しているため、車もたくさん通っていますし、周囲は大きなビルだらけで人通りも多いです。けれど、赤坂氷川神社は静かな場所にあって、都会の真ん中ですが、神社特有の静謐《せいひつ》さが保たれています。東京なのに、それも赤坂なのに、と不思議に思うくらい落ち着いているのです。入口から境内を見ると、堂々とした、貫禄のある神社だということがわかります。木々が大きく茂っているため、もしかしたら暗いと感じる人がいるかもしれませんが、神社の空間、神様の世界は非常に明るいです。優し～いおじいさんのような、親しみの持てる神様で、遠慮なくなんでも質問ができるという親近感も覚えます。

「この神社に特徴はありますか？」

「願いを……ひとつは叶えてやる」

えっ？　必ずひとつ？　それはありがたいです！　何をお願いしようかな……ん？　いや、ちょっと待って下さい。たったひとつだけ？　と、数について疑問が湧いたので聞いてみました。

「神様？　人生は長いのにひとつだけしか聞いてもらえないのでしょうか。２つはダメなのでしょうか？」

若干抗議を含んだ質問でしたが、神様はまろやかな笑顔を私に向けます。

「人生には悩むことがたくさんあって、願いたいことも山ほどあるだろうが……」

というところから話をしてくれました。

願いをひとつ、必ず叶えてくれる

ここの神様は遠い古代から現代まで、人間のいろんな悩みを聞いてきたそうです。世の中をひっくり返したいとか、日本をいい国にしたい、という大きな願掛けから、縁結び、平癒祈願、金運など、個人のささやかな願いまで、それはもうたくさんの願い、いろんな種類の願いがあったそうです。しかし、参拝者〝全員〟の願いを〝すべて〟叶えるわけにはいかないと言っていました。

「それは、人手（眷属の数）が足りないからですか？」

そうではないそうです。

ほとんどの人間は、生まれる前に人生の計画を立てています。会議や研修のスケジュールを分刻みで決めておくような感じで細かく決めてくる人もいれば、このあたりでこのような出来事を体験しよう、この年齢くらいでこの人と出会うことにしよう、と大まかにしか決めてこない人もいます。自分がしっかりと決めた計画でも、生まれてしまえばそこは忘れていますから、計画を変えるような願掛けをするわけです。

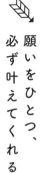

たとえば、前世が夫や姑《しゅうとめ》につらく当たられて苦労しっぱなしの人生だと、新しい人生では自分のために生きよう！　お金も時間も自分のためだけに使おう！　と計画するわけです。けれど、いざ生まれてみたら、「結婚したいな〜」と思ったりします。

こういう場合、縁結びをお願いされても神様は叶えません。というか、神様の勝手な判断で人生計画を変えてはいけないのです（ちなみに人生計画そのものを変えて、叶えてくれる神様もいます。詳細は『運玉』という文庫本に書いています）。

人生計画に関係していなくても、叶えることを慎重にしなければいけない願掛けもあるそうです。

生きていればさまざまな苦難が襲ってきます。小さなものもあれば、つらく苦しい大きなものもあります。私たちはこれらの苦難を〝不幸〟だと考えます。では、この苦難はいらないものなのかというと……そうではありません。

人生には楽しいこと、嬉しいこと、感動すること、悲しいこと、苦しいこと……さまざまな出来事が起こります。これらを経験することが人生、なのです。

受験に合格して喜ぶ、仕事での成功を誇りに思う、失恋してつらい思いをする、人間関係がもつれて苦しむ、結婚して幸せを感じる……。人生にはたくさんのいいこともあれば、たくさんのつらいこともあります。このつらいことを経験する、乗り越えるのも人生なのです。つらいこと、苦しいこと、悲しいことなど、そういうものを全部取り除いたら、それは正しい人生ではありません。その人はせっかく生まれてきたのに、多くのことを学ばずにあちらの世界に帰っていくことになるのです。

人生は修行ではありません。ですから、つらいこと、苦しいことを我慢しなければいけないというのは違います。我慢はしなくてもいいのですが、その状況を乗り越えることは大切です。たくさんの経験をするために、感動をするために生まれてきていますから、合格したり、大成功したりも大事ですが、失恋したり、人間関係に悩むことも必要なわけです。

つらいことがあると、人間はいろいろなことを〝深く〟考えます。人生について、自分の言動や考え方について、生きるとはどういうことなのかなど、真剣に考えます。けれど、その考えるきっかけとなるつらい経験を全部取り去ってしまったら、魂が成長する機会を失うことになるのです。それで、なんでもかんでも願掛けを叶えることはしない、ある程度はスルーしなければいけないそうです。

「本心を言えば、叶えてやりたい。楽にしてやりたい……」

神様は目線を落として、少し悲しそうにそう言っていました。スルーすることは神様のほうも苦しいことなのです。この神様はとても優しいので、常に葛藤しているようでした。そこで苦肉の策として、ひとつは必ず叶えよう、というわけなのです。

けれどそれは私たちにしてみればありがたいことです。つらい悩みをひとつでも必ず解決してくれる神様がいるのは心のささえになります。

神様の見かけはおじいさんで、ニコニコしています。雰囲気は好々爺《こうこうや》です。けれど真のお姿は、風神みたいに神風をぶおぉ〜っと吹かせて、そのパワーで願いを叶えます。強いのです。見た目は強そうに見えませんが、実力は相当なものです。

叶えてほしい願いがある、そしてこの神社にはまだ行ったことがない、そういう人に特におすすめです。叶えてくれるのは今回ではないかもしれませんが、ひとつは必ず叶えてくれますから、人生のどこかでいずれかの願掛けは必ず叶います。

気になる神社仏閣は魂が何かを感じているサイン

「今回は信仰を持って生まれたのだな」

「はい！　信仰心を育ててくれる家を選んで生まれました」

神様はまた過去世の私を思い出したのか、フフフと笑ってうなずいていました。

人間はわざと信仰を持たずに生まれてみることもあるそうです。その理由のひとつは、生きている間に見えない世界や神仏を学ぶためだそうです。

信仰を何も持っていない状態から不思議な出来事を体験して、神仏の存在を知るという、魂が目覚めるような経験をしてみるのです。そこで大きく感動したり、深い感謝を覚えたりします。それはその人の魂の宝物になります。

また、信仰心を持たないまま、一生を終えてみるということも、あえてやってみたりします。その人生では何をどのように考えて、どのような人生を送るのかなど、いろんなパターンを体験してみるのです。

「人間は過去世でお世話になった神社に、無意識に行くものなのでしょうか？」

テレビやネットでチラッと見ただけなのに、その神社仏閣がなんとなく気になる、行ってみたいと思うのは、魂がその神社やお寺に興味を持っているからだそうです。

魂が「ここに行ってみたい」と思ったところ、つまり、直感でなんとなく気になった、行きたくなったという神社やお寺は、魂がそこに何かを感じているので、行ったほうがいいそうです。そのような神社仏閣にいるのは過去世で目をかけてくれていた神仏の可能性が高いからです。

過去世で深く信仰していた神仏はその人が生まれ変わっても、参拝に行けば、そこから破格の対応でよくしてくれます。その人にとって願掛けが叶いやすい、究極の癒やしをもらえる特別な神社仏閣になるのです。霊能力がワンランクアップするとか、何か予想もつかないところでよい結果が出ることもあります。

見えないからわからない、聞こえないからわからない、と自分の能力を信じていなければ、「ただ、なんとなく気になった寺社」で終わってしまいます。

テレビやネットで、神社仏閣特集をやっていても、「へぇ～」「ふ～ん」という感想で終わるのが普通です。でも、そこで「えっ！　ここっ！　すっごく気になる～！」と、何かを「感じた」ということは、これは意識（脳）の作用ではありません。行ってみると、もしかしたらそこから……驚くほど人生がひらけていくかもしれません。

日《ひ》枝《え》神社

千代田区永田町

爽やかな光をバックに現れた神様は2柱だった

この神社は正式な取材をする前に4、5回参拝しました。豊川稲荷東京別院に行くついでに寄ったのがほとんどで、授与品を買いに行っただけという日もありました。元夫と一緒に参拝したこともあります。

え？　元夫？　と、初めて私が書いたものを読む人は事情がわからないと思います。元夫は2回目に結婚した相手で、離婚したのですが、人生のパートナーとして今でも仲良しです。一緒にあちこちに行くことも多いので、本やブログにも時々登場しています。

話を戻しまして、以前日枝神社に参拝した時は、社殿に女性の神様が見えたのですが……詳しいことはわかりませんでした。

今回の取材ではこの本のために、正式な形で参拝をしました。他の神社仏閣と一緒に取材をするのはやめ、この日に参拝をするのは日枝神社1社だけにしました。もちろん参拝したのは午前中です。

取材の目的、どのようなテーマの本なのか、その本を書くようになった経緯など、あらゆることを詳しく説明しました。そして最後に、多くの日枝神社ファンのために、どうかいろいろと教えて下さい、とお願いしたのです。

すると、神様が爽やかな光をバックに出てきてくれました。以前は女性のお姿をチラッと見せてくれただけでしたが、今回はもっと詳しいところまで見せてくれたのです。そのお姿が初めて見るパターンで……これはもう、本当に心底驚きました。

女性の神様が見えるのですが、よく見ると2柱、重なっているのです。つまり、前後に2柱の女性の神様が鎮座しています。双子？　という印象でした。このような状態で鎮座している神様を今まで一度も見たことがありません。何がどうなっているのだろう？　と、最初は謎だらけでした。

パッと見は、女性の神様だな～、と1柱に見えます。で、そのままじっと細かい部分まで見ていたら、お姿がフッと左右に少しズレたのです。あれ？　二重に見えるんだけど？　と思ったあとで、あ、2柱いらっしゃるんだ！　と気づきました。でも、注意深く見なければ1柱にしか見えません。不思議な神様なのです。

この神社は山王社から勧請をしたということで、おおもとをたどれば本社は滋賀県の日吉大社になります。日吉大社を参拝した時に、東本宮の神様に日枝神社についてお聞きしたことがあります。

日枝神社は東本宮から勧請された神社から、さらに勧請をされた神社だと言っていました。鳥居の形や、狛犬ではなく狛猿が置かれているところなど、雰囲気はたしかに日吉大社です。しかし、独自に進化・成長をした神社であるため、個性的です。勧請もとの東本宮の神様とは波動が違います。

神門の表側に置かれているのは普通の随身ですが、内側には猿の随身も置かれています。男性姿と女性姿であるところを見ると、夫婦なのかもしれません。社殿前に置かれている狛猿も男性姿と女性姿であり、女性のほうは子猿を抱いているので、こちらは夫婦のようです。

見た目はほっこりと可愛い猿夫婦ですが……中に入っている眷属は猿ではありません。立派な獅子が入っているのです。それも、ものすごく獰猛《どうもう》な獅子です。ガオォー！　と吠《ほ》える姿はビビるくらい恐ろしいのですが……見た目は小さな猿の像なので、参拝者は皆さん、頭を「よしよし」と撫でていました。

でも、眷属は怒ったりしません。撫でられるのが当たり前という狛猿だからです。納得のうえで中に入っているので、撫でられることに不満はありませんし、慣れているみたいです。強烈に荒い獅子を、参拝者が可愛い可愛いと撫でている光景が面白いです。

この神社は参拝者が多く、本殿エリアは常ににぎやかと言いますか、ちょっと気ぜわしい感じがします。集中するのが難しい神社でもあります。そこで、神様に詳しいお話を聞く前に、境内社を参拝することにしました。

日枝神社の一番大きな入口。階段の向かって右側にエスカレーターがある。

境内社は本殿エリアを出た右側にありました。3社あるのですが、個別に参拝するのではなく、3社用の大きな拝殿内で手を合わせます。拝殿には入口と出口があって、順番に参拝するようになっていました。

ここにお稲荷さんがおられます。さっそくお稲荷さんに、ご祭神について聞いてみました。

2柱の神様は、日吉大社から来た神様と、富士山から来た神様だと言います。

「え？　富士山？　同じ系統の神様じゃないのですか？」

日吉大社はわかりますが、富士山は意外でした。2柱の神様は、同じ神社から来たのではなく、それどころかまったく別系統の神様であり、来た時は波動も全然違っていたそうです。けれど、この神社をパワーある神社にすべく、協力をして、努力を重ねたそうです。その努力は並大抵のものではなかったらしく、そこまでしたので個性ある神社になったとのことです。

ご祭神が2柱鎮座している神社は他にもあります。けれど日枝神社は単純な構図ではなく、2柱の神様が一体化……という表現はちょっと違いますが、意識して重なってています。神様のパワーや波動などすべてを2倍にしているというか、重ねて厚くしているというか、そのような仕組みなのです。

昔はどちらものんびり、ほんわかとした「気」の神様だったそうです。庶民のための神社でした。心が穏やかになるような、優しさが前面に出た神社だったのです。

しかし、今はそのような雰囲気ではありません。政治家をはじめ、日本を動かす立場の人物が多く来るようになって、強くパワフルな神社に変身しています。ですから今は、気持ちがピシッとなる、気合を入れてもらえる、精力的な活動ができる、元気が出る、そういう恩恵があります。

仕事や趣味など、何かを頑張ろう！　新しく始めよう！　成功させよう！　という、希望に満ちたやる気を全面的に応援してくれる神様です。2柱が意識してそのようにしているそうです。それで狛猿の中に入っている眷属がガオー系の獅子なのだなと思いました。

ちなみに、ここのお稲荷さんもパワーが強いです。お金を動かすことが非常に上手なお稲荷さんなのです。開業したいけど資金が足りない、家を買いたいけど頭金がちょっぴり足りない、という人向きの神社です。ないところにお金を動かして持ってくることがお得意です。

参拝者によって対応してくれる神様が入れ替わる

ご祭神は重なった前面にどちらの神様がいるのかによって、受ける影響やごりやくが違います。より厳しく強いのは富士山から来た神様のほうです。どちらかというとやや優しめなのが日吉大社から来た神様です。

これは私の推測ですが、日吉大社から来られた神様は、大きな包容力で仏様を受け入れた日吉大社のご祭神の系統だからではないかと思います。

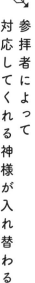

どちらが前面にいるのかは、曜日によって違うのか、月によって違うのか、それとも季節？　とそこが疑問だったので聞いてみました。すると、〝人によって入れ替わっている〟という答えが返ってきました。参拝しているその人に合った神様が瞬時に前面に出るそうです。

強い気力を与えたほうがいい人、仕事をバリバリこなしたい！　と思っている人、日本を動かすような立場の人には富士山から来た神様が前面に出ます。癒やしを与えたほうがいい人、縁結びや平癒祈願をしに来た人、そういう人の時は日吉大社から来た神様が前に出ます。

神様が参拝者を見て、正しく接しているのです。願掛けなども2柱の神様がそれぞれ得意なほうを担当するそうです。

私が授与所で「やっぱりここの願掛け用の狐像は縁起物だな～」と見ていたら、

「ビジネス守りを買いなさい」

と言われました。富士山から来た神様にです。

「買ったほうがいいのでしょうか？」

「仕事を頑張りたいと思うのなら買いなさい」

そこに仕事専門のパワーを入れてあげよう、と言ってくれたので、慌ててピンクのビジネスお守りを買いました。このお守りは〝今の〟仕事を頑張りたい人向けです。転職をして頑張りたい人や、就活中という人は別のお守りになります。現在の仕事で成果をあげたい人はこのお守りを買って、神様にお願いをします。するとそれ専用のパワーを入れてくれます。

この神社の2柱の神様は寡黙なタイプです。質問には答えてくれますが、ベラベラとしゃべる神様ではありません。ですので、このアドバイスはありがたく嬉しかったです。

人によって対応してくれる神様が入れ替わるということは、それだけ人間のサポートをしっかりしてくれているということです。どちらの神様に話しかけたほうがいいのか、どちらに願掛けをすべきなのか、悩む人がいるかもしれませんが、そこは神様のほうで判断してくれます。ですから「神様」と呼びかければオーケーです。

仕事のお願いに来た人でも、今は心身ともに安らぐパワーを与えることが重要だ、と神様が判断すれば日吉大社から来た神様が対応します。本人が気づかない病気の芽があって、仕事よりもそちらを治すほうが先だと判断されれば、そちらが優先されます。

2柱の神様がいますが、どちらに対応してもらえるのかは、その人のその時の状況によります。どちらの神様も真面目で仕事熱心ですから、本人にとってベストな方向に導いてくれます。

乃木神社

港区赤坂

墨のように真っ黒な乃木大将が出現

この神社を参拝したのは、たまたま近くを通りかかったからでした。その時は、乃木希典《まれすけ》という人物のことは軍人だったというくらいしか知識がなく、軍人さんの神社ってどんな感じなのだろう？　という興味で参拝したのです。

神社の入口に案内板があり、そこには、

【祭神　乃木希典命《まれすけのみこと》　大正元年九月十三日明治天皇に殉死
乃木静子命《しずこのみこと》　同月同日乃木希典に殉ず】

と、書かれていました。ああ、そうだった、乃木希典さんって殉死した軍人さんだっ

た、と思い出しました。デジタル大辞泉の「乃木希典」の解説では、

【［1849～1912］軍人。陸軍大将。長州藩出身。西南戦争・日清戦争に出征。日露戦争では第三軍司令官として旅順を攻略。のち、学習院院長。明治天皇の死に際し、妻とともに殉死。】

と書かれています。

先にこの神社について説明をしておきますと、創建されたのは大正12（1923）年です。乃木希典さんの邸宅の隣地に建てられています。神社入口にあるイラストの境内案内図には、「乃木家旧邸」も描かれていました。

鳥居をくぐって境内に一歩入ったところで「うわ！　えらい暗いけど、どうして？」と思ったのが第一印象です。見えない世界の空間が妙に暗かったのです。まずは乃木家旧邸から見に行きました。

馬小屋とお屋敷がありました。黒く塗られているお屋敷の中には入ることができず、外から見るだけでした。ここがもう、ひ～え～！　というくらい暗かったです。現実界の、目で見ている部分には日光が当たっているので明るいのですが、見えない世界の空

間が「超」がつくほど暗いのです。なんとも言えない悲しみを帯びていました。

ここで乃木大将（ここからは多くの人がこう呼んでいるので、乃木大将と書かせてもらいます）が自害したから暗いのかな？　とは思いましたが……う〜ん、ちょっとヤバいのでは？　というくらいの暗さでした。

そこから神社の拝殿に行きました。拝殿も見えた瞬間から写真を撮るのが憚《はばか》られるくらいの暗さでした。拝殿のそばまで行くのはイヤかも……とまで思いました。でも、神様に失礼があってはいけません。

拝殿で手を合わせ、祝詞を唱えると……もうここで、乃木大将は神様になっていないということが明確にわかりました。祝詞の次元がまったく違う、役に立っていない、ということで唱えている途中でやめました。

自己紹介がまだだったので、「どうしようかな、自己紹介は一応するべきかな」と目を開けたら……そこに乃木大将が立っていました。

乃木大将は真っ黒なお姿でした。奥さんが一歩下がった後ろにいます。奥さんのお姿も真っ黒です。存在自体が影のように黒いのですが、オーラから周囲の空気までが黒かったです。もちろん暗くもありました。奥さんも黒いのですが、乃木大将ほどではありません。乃木大将のほうは墨のように真っ黒でした。

さらによく見ると、どちらも成仏していないのです。いくら成仏していない幽霊でも、どうしてここまで真っ黒なのか……理由がわかりませんでした。

参拝者に何もできないことが苦しい

とりあえず、拝殿前に長々といるのもどうかと思ったので、参道を戻ると宝物殿がありました。チラッと中を見たら資料館みたいになっていたので、乃木大将のことを知るために入ってみました。

入って、ふと入口を振り返ると、おふたりがそこに立っています。そして、ふたりともさめざめと泣くのです。乃木大将がつらそうにつぶやきます。

「どうしたらいいのか……わからない……」

あ、そうか、幽霊として迷っているから、神様修行の道に入れないのだなと思いました。自害されているので、そのへんの仕組みがよくわからないみたいです。

殉死は忠誠心の厚い人にしかできません。その気持ちは古代から尊いものとされてきました。しかし、古くから禁止されてきたのも事実です。江戸幕府も殉死を禁じていました。主君のあとを追って死ぬことをどうとらえるのかは人それぞれですが、臣下の鑑《かがみ》と考える人もいるようです。

殉死は自殺です。自殺の場合、すぐには成仏ができません。その場にとらわれてしまうので、しばらくは幽霊のまま苦しむことになります。乃木大将は幽霊でいる以上、神様修行に入ることができません。

けれどここで、「はて?」と思いました。乃木大将が殉死したのは100年以上も前です。『神様のためにあなたができること』という本に書いた阿南惟幾《あなみこれちか》さんも自害しています。阿南さんは自分の想念にしばられて成仏が遅れ、苦しんでいましたが、心優しい読者さんのおかげで自分で成仏できる状態にまで回復しました。死後約70年の阿南さんが自力で成仏できるのですから、乃木大将ももうできるはずなのです。

乃木大将がポツポツと語ってくれた話をまとめると、自害をして成仏できていない状態なのに乃木大将はご祭神として祀られました。「神社に行かなくては!」と思ったようですが、自殺ですから、死後しばらくはその場にとらわれていました。相当苦しかったみたいです。その苦しみから抜けるまで、少し時間がかかったそうです。

やっとなんとかそこから抜けだすことができ、自由に動けるようになりました。ご祭神として祀られていますから、「神様にならなくては!」と境内にいるのですが……何をどうすればいいのか、まったくわからないと言います。成仏しないまま、つまり、幽霊のまま神社にいて、途方に暮れているというわけです。

幽霊ですから、参拝者に願掛けをされても何もすることができません。乃木大将を心から敬い、慕ってくれる信者に何もしてあげられないのです。それどころか、寄り添ってあげると参拝者の体調が悪くなります。幽霊である以上、疫病神のような影響を与えてしまうのです。

そのことが猛烈に悲しく、つらいため、心が真っ暗になっています。

乃木大将は殉死なさるのもわかるという、誠心誠意人に尽くすお人柄です。恩を受けたらそれを10倍にして、いや100倍にして返すほど、人から受けた厚意を大切にするお方なのです。人を思う気持ちが果てしなく深いところは、神仏クラスです。

ですから、ピュアな気持ちで自分を信仰してくれる参拝者に何もしてあげられないことが、地獄にいるかのような苦しみとなっています。どうすればいいのかわからないという情けなさもあり、これから先ずっとこのままなのだろうかという絶望もあります。

幽霊の身で、これら膨大な負の感情を持っているため、真っ黒になっていたのです。

どうすればいいのかわからないと、奥さんも泣いています。

方法を知らなければ偉人でも成仏できない

そこで、声をおかけしました。

「おふたりは自殺をされていますから、とりあえず成仏をしなければなりません。神様になるのはそれからです。成仏しなければ、何十年たっても何百年たってもこのまま何も変わらないのですよ」

「どうすればいいのか……」

自殺をしたといっても、見ているとふたりとも自由に動いています。すでにとらわれから解放されているので、ごく普通の成仏前の状態です。

「光が見えていませんか？」

「見えている」

「その光に向かって歩いて行けば成仏できます」

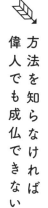

長い間、さまよっていたせいか、そう言われてもすぐには行こうとしません。そこで、成仏をしなければ神様になる修行ができないことをお伝えしました。成仏さえすれば、神様でも仏様でも好きなほうへ修行に行けること、別の選択として生まれ変わることもできるし、あちらの世界で仕事をする人になることもできる、という死後世界について少し説明をしました。

おふたりはふむふむと一生懸命に聞いていました。

「というわけで、光に向かって行けば必ず成仏できます。成仏してからすぐに神様の修行をなさるとよいのではないでしょうか」

「それは？　どうすればいいのだ？」

「え？　具体的な神様修行の入り方ですか？　えっと、申し訳ないのですが、そこまで私も詳しくはわかりません。すみません。成仏したら、向こうの世界にいるソウルメイトや守護霊と会えますから、そこでお聞きになってみて下さい。もしかしたら、すぐに神様修行のお迎えが来るかもしれません。神様修行のほうに行くと、そこに説明をしてくれる存在が必ずいるはずです。その方に、乃木神社で修行をさせてほしいことを話すと、ここで修行ができると思います」

後醍醐天皇も、織田信長さんの息子さんも、自分がご祭神となっている神社で修行をしています。楠木正成《くすのきまさしげ》さんも自分の神社で修行をして、大きな神様になっているのです。この神社で修行をすれば、参拝してくれた人の願掛けを叶えることが修行になります。お願いされたことを叶えつつ、神様になれるというわけです。

そこまで説明をしたら、乃木大将は輝くような笑顔になり、

「ありがとう！　ありがとう！」

と、私の手を両手で握ってお礼を言いました（余談ですが、このあとで体調が悪くなりました。乃木大将に悪気はないのですが、幽霊にさわられたら具合が悪くなるのです）。奥さんも横で涙を流しながら、でも嬉しそうな笑顔でニコニコしていました。

乃木大将は別れ際に、

「名前を教えてほしい」

と言いました。あ、そうだ、まだ自己紹介をしてなかったっけ、と気づきました。私の参拝順序は、柏手を打って祝詞を唱え、そのあとで「東京から来た桜井識子です」というふうに自己紹介をして、用件をお話ししています。

この時は、祝詞の途中で神様になっていないことがわかって祝詞をやめ、おふたりが

真っ黒い人物としてそこにいたので、ここで話を聞くのはまずいかな、と神前を離れました。だから名乗っていなかったのです。

神様（まだなってはいませんが）も、ちゃんと名前を聞くのですね。つまり、神社での自己紹介は必要だということです。

光のことを詳しく聞くと、おふたりが見ている光の方向は違っていて、大きさも異なっていました。光は人によって方向も大きさも距離も違うので、たとえ一緒に死んでも成仏するのは別々です。同じ光の扉に入るわけではないのです。

「光のほうへは別々に行きますが、成仏すればちゃんと会えます。神様修行は一緒にできるでしょうから、ご安心下さい」

「ありがとう！　ありがとう！」

乃木大将は極上の笑顔でお礼を言ってくれました。そして、今まで誰もこのことを教えてくれなかった、と寂しそうに笑っていました。だから、本当にどうしたらいいのか、わからなかったそうです。さまよい続けていたそうです。

よし！　さっそく行こう！　ふたりで成仏して修行を始めよう！　と乃木大将は瞳をキラキラさせて、奥さんにそう言っていました。奥さんは泣きながらうなずいていました。神社の入口で私を見送ってくれたあと、おふたりはすぐに光のほうへ行ったのではないかと思います。

ここで私が思ったのは、人間って平等なんだな、ということです。

ちょっと識子さん、それって当たり前じゃないですか〜、という声があちこちから聞こえてきそうですが、本当にしみじみとそう思いました。

どんなに偉い人、たとえば勲章をいっぱいもらったとか、日本を動かしてきたとか、そのような一般人とは違うすごい人でも、見えない世界に戻って何も知らなければ……成仏はできないのです。

生きていた時に有名だった、偉人だった、だから特別扱いされる、されて当たり前、というふうに思ってしまいがちですが、そうではないのですね。

見えない世界はビックリするほど平等です。知っていれば難なく成仏できますが、知らなければたとえ偉人でも成仏できません。そこに関しては、誰であってもみんな同じなのです。それってなんだかすごいことだな、と思いました。

あっという間に神社の「気」が変化

それから、半年がたちました。

この本（テーマは東京です）の締め切り間近になって、乃木神社も東京だし、縁起物（干支《えと》がデザインされた「干支金盃」がすごい縁起物なのです）を売っている神社でもあるため、読者さんに紹介したいと思いました。しかし、そこで気になったのは、乃木大将があれからどうなったのか、ということです。

成仏されて神様になるよう努力されていると思います、という推測の内容で書くわけにはいきません。確認をしに行かなければと思いつつも、まだ早いかも？　という思いもありました。

初参拝からまだ半年しかたっていないのです。たった半年です。

成仏してもこの短い期間では、神様修行に入れる「50回忌の向こう側」（詳細は『死んだらどうなるの？』という本に書いています）へ行くのは無理だろうと思いました。どうするかさんざん悩みましたが、「無駄足になるだろうけど、一度行っておくか～」

という、なかばあきらめの心境で行くことにしました。

2回目の参拝では境内に入った直後に、以前とは違う神社になっていることが確認できました。スッキリとした「気」になっているのです。以前のどよ〜んと重たく湿った、暗い境内ではありません。うわ〜、さっぱりしてるな〜、明るくなったな〜、とキョロキョロしながら参道を進み、拝殿で手を合わせました。

ここで乃木大将のお姿が見えました。神様修行の白い装束を身につけています。姿は見えるのですが、乃木大将ご本人はいません。奥さんもいないのです。神社にいないということは、成仏したばかりですから、50回忌の向こう側へ行くために頑張っているに違いありません。

しかし、白い装束を身につけているのが謎です。神様修行に入ってから着るものなので、おかしいな？　と思いました。本人がいないので詳しいことは何もわからず……仕方がないので、また後日来ることにしました。本人に会えるまで、何回か通うしか方法はありません。

てくてくと参道を戻っていると、右側の木立がいきなりピカーッと光りました。え？なになに？　と見たら、そこには前回、目に入らなかった稲荷社がありました。稲荷社の空間にお稲荷さんが座っており、私をじーっと見ています。

お稲荷さんだ！　何かお話を聞かせてくれるかもしれない！　そう思った私は稲荷社の石段を駆け上りました。

乃木大将は超ハイスピードで神様修行中

ここのお稲荷さんは眷属を数体従えています。昭和37（1962）年に北区の王子稲荷神社から、眷属と一緒に来られたそうです。

「聞きたいことがあるのだろう？」

「はい！　乃木大将の状況です。今、どうなさっているのでしょう？」

「修行に行っているぞ」

「え？　この神社で修行をしていないのですか？」

詳しいことは教えてもらえませんでしたが、修行場に出かけて行って、そこで厳しい修行をすれば一気に修行が進むそうです。神社で願掛けを叶える修行よりも、もっと早く神様になれるというわけです。しかし、修行内容は相当きついみたいで、しんどいとのことです。

「乃木大将はこないだ成仏したばかりです。どうしてそんなに早く50回忌の向こう側へ行けたのでしょうか？」

成仏したのち、50回忌の向こう側へ行くのは、リラックスしたゆっくりペースで、急がなければ50年かかります。けれど、見えない世界での奉仕活動などを頑張れば、もっと早く向こう側へ行くことができます。そこは本人次第なのです。

それでも最短で、数年はかかるだろうと思っていました。それなのに、乃木大将は半年ですでに神様修行に入っているというのです。驚異のスピードです。

ここで疑問に思う方がおられるかもしれないので、秀吉さんについて説明をしておきます。

秀吉さんはなかなか神様修行に入れなかったのですが、それは複雑な事情があったからです。私が初めてお会いした時、秀吉さんはすでに成仏した存在でした。成仏してはいましたが、次元の隙間に落ちていたのです。その理由は予定していた神様とは違う神様として祀られたからです。

秀吉さんはある神様になるために、生前に用意周到に準備をしていました。呪術までかけて完璧だったのです。しかし、別の神様として祀られてしまったうえに、その神社が家康さんによって、壊されてしまいます。

魂抜きなどの正式な処置をしないまま神社が壊されたことと、かけられた術がからまってしまったせいで、秀吉さんは次元の隙間に落ちました。からまった術をほどける人が現代にはいないため、苦労したのです。

乃木大将にはそのような複雑な事情はありませんが、半年はいくらなんでも早いように思いました。そこでその理由をお稲荷さんにお聞きすると、わかりやすく教えてくれました。

乃木大将は、自分のことを心から信仰してくれる人のために尽力したい、信仰心を差し出してくれる人にお返しをしたい、救う必要がある人は自分が犠牲になってでも救ってあげたいという、そうした思いがものすごく強かったそうです。

けれど、長い間それができませんでした。それで悲しみ、嘆き、苦しんでいたのです。そのせいで真っ黒になっていました。

やっと状況が変わり、努力次第で神様になれる、ということで、熱い希望に燃えているそうです。一刻も早く神様になって人々に尽くしたい！　という、キラキラした神聖な気持ちを抱いて死後世界に入っています。この時点で一般人とは波動が違うそうです。人々を救いたい、助けたい、人々のために身を粉にして働きたいという、自分のことよりも人を大切に思う清らかな気持ちを抱いている人と、普通に死んだ人とでは霊格も違います。

波動の法則で、波動が高い人はそれなりのところへ行きます。

死後世界には「飛び級」という制度があります。現世で世俗の垢に汚れることなく亡くなった人や子ども、正しく生きて徳を積んだ人は、成仏後、1回忌や3回忌の場所を飛び越えて、いきなり13回忌や25回忌のところまで進むのです。もっと先まで行く人もいます。

乃木大将は驚くことに、一般人が癒やされてゆったり過ごす50回忌までの世界は一足飛びだったそうです。飛び級の最上級ですね。その世界をすっ飛ばして、50回忌の向こう側へ行ったというのです。

「えーっ！　そういうことがあるのですね！　それは、神社のご祭神として祀られているから特別なのでしょうか？　私たち普通の人間でも可能ですか？　心構えの清らかさで一足飛びができるのでしょうか？」

「できる」

お稲荷さんは、自分は人間の死後世界に詳しいわけではないが、と前置きをして続けます。

人々のために頑張りたい、人々に尽くしたい、苦しんでいる人を救ってあげたい、助けてあげたい、という神々しい思い……この「思い」自体の波動が高いそうです。超高波動の思いを持った人が死後世界にポンと入ったら、周囲とはランクが違うわけです。ランクの違うその世界には滞在することができません。よって、波動が合った場所へ一足飛びに行く、というわけです。

これは誰であってもそうなるらしいです。波動の法則ですから、乃木大将だけが特別なのではありません。私でも読者の皆さんでも可能なのです。

乃木大将は一気に50回忌の向こう側へ行ったので、すぐに神様修行を始めることができたのでした。それも、ゆっくりのんびりやっていこうというスタンスではなく、一刻も早く神様となって、頑張りたい！　という前向きな姿勢です。そばに指導する神様がついているとも言っていました。

お稲荷さんは、お稲荷さんという神様になる方法・修行には詳しいです。けれど、乃木大将はお稲荷さんになるのではありませんから、アドバイスができません。人間が神様になる方法・修行に詳しい神様がサポート、指導をしているそうです。

「(2021年の)11月24日が本の発売予定日なのですが、その頃、乃木大将はここにおられますか?」

「12月になれば戻ってくる」

年末年始の準備があるからだそうです。

超人的な意気込みの乃木大将です。今まで頑張りたくても、何もできなかった反動からでしょうか。今まで参拝に来てくれた人々に大きな恩を感じているのかもしれません。願掛けをされても叶えられなかったことを申し訳なく思っていたのでしょう(ちなみにこれまでの願掛けはお稲荷さんとお稲荷さんの眷属が手分けをして叶えていたそうです)。

「頑張って下さい」という応援は、神様にとっても、神様修行を頑張る存在にとっても喜ばしいものです。

晴れて神様修行を始められた乃木大将を応援したいという方は、12月(2021年)に入ってから行かれるといいです。12月以降は神社で修行をなさるはずです。というのは、この本を読んだ心優しい読者さんが応援に行くだろうからです。あたたかい励ましをくれる人に、絶対に失礼はしないお方ですから、この先留守にすることはないだろうとお稲荷さんも言っていました。

ピュアな信仰心で参拝してくれる人を大切にされ、律儀な性格でもあり、深い誠意と真心も持っている乃木大将ですので、応援してくれた人の面倒を、末永く見てくれる神様になられると思います。

永平寺別院 長谷寺《ちょうこくじ》

港区西麻布

巨大な十一面観音さんを近くで拝める

時々、どうしてこの神社仏閣を取材の予定に入れたんだっけ？　と疑問に思うことがあります。その寺社の名前を知っていたわけではないし、テレビか何かで見たわけでもありません。もしかしたら、ずいぶん前に読者さんがリクエストをくれて、それが脳のどこかにあったのかもしれませんが、理由が思い出せないのです。この永平寺別院もそうでした。

境内に入った時の印象はごく普通のお寺でした。観光大歓迎という雰囲気ではないので、檀家《だんか》さん用のお寺かな～、と思いました。

入ってすぐに法堂《はっとう》（本堂）へ行って手を合わせてみましたが、仏様が遠いです。距離があるためよく見えないので、コンタクトも不可能でした。そこで、はて？　私は何を見ようとしてこのお寺を取材リストに入れたんだっけ？　と考えたわけです。

思い出せなかったので、もう帰ろうかな、と思った時でした。境内入口のすぐそばにあるお堂にひとりの女性が入って行きました。「あ、そこも入っていいんだ〜」と知り、私も入ってみました。

美しくて優しい雰囲気の十一面観音像。

そこで、ビックリ仰天！　です。巨大な木造の十一面観音さんがいたのです！　木造の仏像なので、しっとりとしたあたたかみのある優しい雰囲気です。お顔も柔和で美しく、見ているだけで癒やされます。

けれど、「ひょえ〜！」という大きさですから、サイズには迫力があります。美術品として見ても素晴らしい仏像ですし、見ていて飽きるということがありません。尊いお姿を近くで拝めるありがたさもしみじみと感じます。

私はここで、ただひたすらぼ〜っとお姿を拝見していました。こんなに立派な仏様がいることを予想していなかったので、その大きさと美しさに圧倒されたのです。時間を忘れて見つめていたため、首が痛くなりました。

ふと気づくと、数人のお坊さんが忙しそうにしています。あと数分で午後4時という時間でした。もしかしたら4時が閉門なのかもしれません。観音堂の中にいる拝観者は私だけだったので、ちょっとビビりました。閉門準備をしているのなら、図々しくここにいてはダメなのでは……と思ったのです。慌てて外に出ました。時計を見たら3時55分でした。


観音堂の向かいには「麻布稲荷」という赤いのぼりが立っています。こちらも行ってみました。手前に狛狐らしき像が2体あって、花もお供えされていましたが、どう見てもその向こうにあるのは休憩所です。あずまや風の休憩所で、どこにもお稲荷さんのお社はありません。

はて？　どこにお稲荷さんが？　と探しました。休憩所の向こうかな？　と見たけれど、休憩所の向こうは墓地になっているのです。えっと？　どういうことなのだろう？と、休憩所に入ったら、その建物の天井近くに神棚が設置されていました。そこにお稲荷さんがいました。一応、ご挨拶はしましたが……お願いをするお稲荷さんではありませんでした。

観音さんは人間を見てほっこりしている

午後4時15分くらいになって、ふたたび観音堂のそばまで行くと、まだ扉は開いています。カンカンカンと中から鐘も鳴っています。もう一度、観音さんを見たいと思った私は、もしかしたら夕方の勤行かもしれない、と期待に胸が高鳴りました。

入ってもいいのかな、入ろうかな、どうしようかな、と悩んでいたら、若いお兄ちゃんがやって来て私の横を通過し、スタスタと観音堂に入っていきました。慌てて私もあとに続きました。お堂の中には長椅子が2つあるので、若いお兄ちゃんと分かれて座りました。

そこでちょうど読経が始まったのです。すごく長いお経でした。経本1冊、全部唱えていました。長〜〜〜〜〜〜いお経を聞いていたら、ものすごーーーーく癒やされて、ふわふわと心地よくなり、なんと！　そこで「ぐお〜」と寝てしまいました！　ビビリのくせに大胆ですね〜（笑）。自分でも驚きです。

ハッと気づいた時には若いお兄ちゃんはすでにいませんでした。何時間も眠ったあとのような爽やかな目覚めで、疲れもスッキリと取れています。癒やしの波動を放出している観音さんなのです。さらに、ほわわんと優しいです。質問をしなければ、と思い、

「お願いをしてもいいのでしょうか？」

と聞いてみました。

「お前の願いはなんだ？」

そこで私の個人的なお願いをすると、観音さんはニッコリとうなずきます。次に持っている錫杖《しゃくじょう》で、ドン！　と力強く地面を叩きました。錫杖がシャンッと涼やかに鳴り、見えない世界の地面が揺れます。こうして願掛けを実現化する、強大なパワーを与えてくれました。

あれ？　これってどこかで見たような……え〜っと、どこだっけ？　と考えて、「奈良の長谷寺《はせでら》だ！」と思い出しました。そこで「ああっ！　そういえば、門のところに長

谷寺って書いてあった！」と気づいたのです。

永平寺だと思って来たのですが、正式名称は「大本山永平寺別院長谷寺《ちょうこくじ》」です。この時点では読みが違うことを知らない私は同じ名前だと思いました。同じ名前だから、仏様が同じ系統というか、同じような動きをするのかな？　と、考えたのです。

この本を書くにあたって、永平寺別院長谷寺のホームページを見たら、次のように書かれていて本気で驚きました。

【かつて「渋谷が原」と呼ばれたこの地には、古くから観音堂が建ち、奈良の長谷寺の観音さまと同木で造られたという、小さな観音さまが祀られ、人々に親しまれていました。

時流れて徳川家康公開府の後、この観音堂を基に補陀山《ほださん》長谷寺が開かれました。家康公の幼馴染みでもあった高僧、門庵宗関大和尚《もんなんそうかんだいおしょう》をご開山に2万余坪の寺領を賜《たまわ》ったと伝えられます。

正徳6年（1716年）2丈6尺の大観音を建立。古仏は尊像の体内にお納めし、江戸屈指の観音霊場・江戸観音霊場第22番札所として尊崇《そんすう》を集めました。

近年、戦火で消失した大観音の再建を願う人々の根強い信仰により、高さ3丈3尺、壮麗無比の御姿がよみがえりました。
幾多の災禍を越え、寺観再建が成った今、補陀山長谷寺は、道元禅師が開かれた曹洞宗の大本山、永平寺（福井県）の別院として、また宗門の専門僧堂（修行道場）として、そして、現代に生きる観音霊場として、人々の尊崇を集め続けています。】
奈良の長谷寺の観音さんと、同じ木で造られた観音さんが祀られていたのですね。なるほど〜、と納得です。その時に道がつながっているので、仏像が変わっても同じ観音さんが出てこられるのでしょう。由緒が正しい寺社は少ないのですが、仏様の様子から由緒が間違っていないと証明されているお寺です。

話を戻しまして、その時はまだ、同じ木でできた観音さんのことは知らず、お寺が同じ名前だとしかわかっていなかった私は、奈良の長谷寺の観音さんを思い出して質問をしてみました。奈良の観音さんは、お参りに来た人がお堂の中であれこれおしゃべりすることが楽しいようでした。愛情を持ってその人たちを見ていたのです。

「観音様も、おしゃべりをしている人を見ることがお好きなのですか？」

ここの観音堂は手を合わせるとすぐに出て行ってしまう人が多いそうです。そこがちょっと残念だと言っていました。手を合わせたあとはゆっくりしてほしいみたいです。奈良の観音さんと同じく、人間を見てほっこりしたいのです。

こちらは奈良の長谷寺と違って狭いので、たしかに長時間いるのは難しいかも？　気を使うかも？　と思いました。でも、長椅子が2つあるところを見ると、お寺のほうは「どうぞ、ゆっくりしていって下さいね」という思いなのかもしれません。

観音堂の入口には、千手観音とお不動さんの石仏があります。お不動さんはどちらかといえば優しい系です。厳しくはありません。変わったお顔をしているため、親しみが湧きます。

勤行が始まりそうだった時、お不動さんに質問をしてみました。

「中に入ってもいいのでしょうか？」

「かまわぬ」

ということで、ちゃんと道は通じています。

お寺を出て、バス停に行くまでの間、ふわ〜っとしていました。癒やされまくった効果が現れていたのです。観音堂の壁には「麻布大観音」という案内板がありました。最後にそれを読んで「ちょうこくじ」であることを知りました。

東京に長く住んでいる人にとっては有名な観音さんかもしれませんが、私のように地方から引っ越してきたばかりの人の中には知らない人も多いと思うので、紹介できてよかったです。

観音さんに癒やされたいという方におすすめのお寺です。

明治神宮

渋谷区代々木神園町

明治天皇がたった100年で巨大な神様になれた背景

鳥居をくぐって境内に入った瞬間に、伊勢神宮の「気」だ！　と、思わず立ち止まりました。まさか東京で伊勢神宮の「気」を浴びられるとは！　と、これには感動しました。この時はまだ理由がわからなかったのですが、流れている「気」は伊勢神宮のものであり、木々は伊勢神宮の森だったのです。

なんで？　どうしてだろう？　と不思議でした。

明治神宮には過去に2回、行ったことがあります。1回目の参拝では明治天皇（後醍醐天皇も天皇の名前で呼ばせてもらっているので、神様と呼ばずこう呼ばせていただきます）は出てこられませんでした。2回目は若い頃のお姿で出てきてはくれたのですが、神様であるご自分のことはほとんど語らずで、私が自分で気づくまで待つ、みたいなことを言っていました。

その頃の私は、明治天皇との会話に出てくる私の前世の記憶がまだ曖昧だったことと、神様の世界の知識も足りなかったことから、思い出す時間と勉強が必要だったのです。

3回目となる今回ももしかしたら、まだ詳しいことは教えてもらえないかもしれないという心配はありました。しかし、テーマが「東京」です。さすがに明治神宮を外すわけにはいかないので、参拝に行きました。

伊勢神宮の「気」は過去2回では感じられませんでした。明治神宮を参拝したのはずいぶん昔の話なので、当時はまだ伊勢神宮のこともよくわかっていなかったからだと思います。天照大神であるアマテラスさん（怒ったり、岩屋に隠れたりする神話の天照大神とはまったく違う神様だったので、こう呼ばせてもらっています）にお会いして、その後、取材で伊勢神宮に3回行き、やっと詳しいことを知ることができました。

まさに伊勢神宮という「気」に接して、目を丸くしていると、明治天皇が出てこられました。2回目の時と同じ若い頃のお姿でニコニコしていましたが、そこからスッと真の神様姿になりました。

それがもう巨大な神様で、「ひょえ〜！」とビビるサイズでした。ほんの100年前に祀られたばかりなのに！　すごい！　ありえない！　というのが正直な感想です。

「どうしてここに伊勢神宮の〝気〟があるのでしょうか？」

ストレートに質問をしてみたら、明治天皇は、詳しい話をしてくれました。

それによると、明治神宮が創建された時に、伊勢神宮からたくさんの神々が〝指導〟に来たというのです。え！　そのようなシステムがあるの！　とビックリです。いや、他では1回も聞いたことがないので、たぶんここだけ特別なのでしょう。

伊勢神宮から来た神々に、修行のやり方とか、神様としての心構え、神格を上げる方法など、とにかくいろんなことを明治天皇は教えてもらったそうです。たくさんの指導、アドバイスを受けたと言っていました。

「それは……すごいですね。そこまで特別なのは、この神社が東日本の伊勢神宮のようになる、多くの参拝者が集まると予想されたからでしょうか？」

創建された時点で、将来たくさんの人が来て、多くの信仰を集める神社になる、ということはすでにわかっていたそうです。その規模を考えると、明治天皇はそれなりの神様にならなければいけないし、それなりの格の高い神社にしなければいけない……ということで、指導に来たそうです。

「伊勢神宮の神々が指導をしに行ったという神社は、他にありますか？」

この質問に、明治天皇は聞いたことがないと言っていました。たぶん明治神宮だけだと思います。

明治天皇はたった100年でここまで？　というくらい大きくなり、伊勢神宮の神様（私担当の男性の神様です。詳細は『にほんの結界　ふしぎ巡り』に書いています）が着ていた服と同じ服を着ていました。伊勢神宮の神々に指導をされたということで、なるほど〜と納得できました。

明治神宮では眷属募集中

ゆっくりと参道を歩いて、本殿エリアの囲いの中に入りました。本殿の手前の左右に、立派なご神木があります。本殿よりはるかに背の高いその大木が、狛犬のような感じで聖域を守っています。すごい神社だな、とあらためて思いました。

2本なのに1本のように丸く茂っているご神木「夫婦楠」。

向かって左側のご神木は2本の木がしめ縄でつながっています。「夫婦楠」だそうです。幹の上の部分が合体して茂っており、2本なのに1本のようにキレイな丸を描いているのです。そういうふうに剪定《せんてい》されているのかな？　と、角度を変えて見てみましたが、どうやら自然にこのようになったみたいです。

明治天皇が言うには、これを育てたのは明治天皇ではなく、伊勢神宮から来た神様だそうです。伊勢神宮から来た神様の1柱が、専門につきっきりで育てた、と言っていました。それでこのような美しいご神木になっているのか〜、と感動しました。

本当に見事なほど大きく育っています。2本一緒に丸〜く茂っているのです。この2本はキラキラしていて、右側にある絵馬掛けのご神木よりも輝いていました。「夫婦円満」とそばの案内板に書かれていましたが、叶うだろうなぁ〜、と思いました。

本殿前で、あらためてご挨拶をし祝詞を唱えたら……明治天皇が！　私の目の前に来て、正座をして聞いてくれました。正座、なのです。神様でいらっしゃるのに！　私とは前世で深く関わったことがあるという関係もありますが、その誠意ある対応に涙が出ました。

明治天皇は本当に素晴らしいお方です。伊勢神宮が総力をあげてバックアップをしたのもわかります。神様になるのにふさわしいお方だったのだな、ということを思いました。


眷属は伊勢神宮から派遣されてきたそうです。創建当時、もちろん眷属は1体もいませんでした。それでたくさんの数が送られてきたそうです。軌道に乗ったら伊勢神宮に戻る予定だった眷属たちのほとんどが伊勢神宮には帰らず、ここにいます。もとは人間だった神様見習いの眷属もいます。

ここで明治天皇が、

「眷属募集中だぞ」

と笑顔で言っていました。読者さんの中に、あちらの世界に帰ったら人々のために尽力したい、神社で仕事をしたい、ゆくゆくは神様になって頑張りたいと思う人がいたら、来てほしいそうです。しっかり面倒を見て下さるとのことです。

これだけ大きな神社で東京でもありますし、将来人々が大勢参拝に来ることは、創建時に高天原《たかまがはら》の神々にはわかっていました。この神社を一刻も早く「高波動の神域」にする必要があったのです。明治天皇には急いで神様になってもらわなければいけない状況です。あの伊勢神宮から多くの神々が指導に来たくらいですから、その本気度がわかります。

それで明治天皇は修行をするわけですが、修行は大変厳しく、負担も大きく、プレッシャーも相当だったみたいです。そのつらさを経験しているので、眷属見習いとしてこの神社に来る者には優しく指導をしたいと語っていました。

神様からのアドバイス「何回でも願いに来なさい」

「ここに参拝に来る人に何か伝えたいことがありますか?」

参拝者数日本一の明治神宮には、膨大な数の人が来ます。こうなると全員の願いを叶えるのは無理です。ここで明治天皇が心配していたのは、願掛けをしたあと叶うだろうと期待をして、結果を待っている人のことでした。

神様側からすれば、どうしても叶えてやれないという願いのほうが多いわけです。そこにはいろんな事情があります。叶えてはいけないものもあるし、今はその時期ではない、という理由もあります。参拝者が膨大なので、どうしても手がまわらないこともあるそうです。

「期待して結果を待っている人には申し訳ない。謝っておいてくれ」

「えーっ！　神様が人間に謝るんですか？」

「かまわぬ。謝っておいてくれ」

本当に誠意のある神様です。

ここで明治天皇からのアドバイスです。1回願掛けをして叶わなかったからといって「もうダメだ」とあきらめないことが大事だそうです。「同じお願いをもう1回したところで、叶わないだろう」と決めつけるのもよくありません。

「初回の参拝で叶わなかったとしても、何回でも来なさい」

明治天皇はそう言っていました。手がまわらないことが何回か続いても、たとえば3回目には順番がまわってくるかもしれない。もしかしたら時期待ちの期間かもしれない。

人間にはわからない事情があるので、早々にあきらめなくてもよい、とのことです。

つまり、明治天皇はすべての人の願いをなんとか「叶えてやりたい」と思っているのです。どの人にも幸せになってほしいという、その思いが非常に強い神様です。人間思いなのです。

「願いが叶わなくても、あきらめずに何回か来てみなさい」

これが明治天皇から皆様に一番伝えたいことだそうです。

井草八幡宮

杉並区善福寺

出雲大社と同じ大蛇の神様がなぜここに!?

神社の名前は八幡宮ですが、宇佐神宮系ではないことは明白でした。もちろん、同系列の石清水《いわしみず》八幡宮とも違います。波動の種類から、八幡さんではないのは明らかなのです。拝殿で手を合わせてご挨拶をしても神様はお姿を見せず、お話もなしで、その後もなかなか出てきてくれませんでした。

実はこの時、私はほんの少しですが、先入観を持って見ていました。ブログを始めた初期の頃に、霊能力があるという読者さんがここの神社のご祭神をヘビだと言っていたのです。それが心のどこかに引っかかっていて、この波動の神社でヘビがご祭神？　と

思って見ていました。

お姿は見えないままでしたが、質問をしてみました。

「神様がヘビだと感じた人がいるのですが？」

するとここで出てきてくれた神様のお姿は、なんと！　真っ白の大蛇《だいじゃ》でした。私がヘビヘビとしつこく思っていたから、ンモー！　ヘビちゃうわ！　みたいな感じで出てこられたのです。大蛇は「大きな蛇」と書きますが、ヘビではありません。

出雲大社の神様も同じ大蛇です。大蛇は見た目はヘビに見えないこともないお姿ですが、太くて、はるかに大きいです。ヘビの神様は生物のヘビそのままのような感じで細いですし、小さいです。存在としては、大蛇はヘビよりも龍に近いのです。

大蛇の神様を見た正直な感想は「ありえない！」でした。というのは、私は日本全国、北海道の知床岬から、沖縄の与那国島まであちこちをまわってきました。それはもうたくさんの神様と会ってきたのです。けれど、大蛇の神様は出雲地域以外では見たことがありません。

どうして関東に、この土地にいるのだろう？　というのが素朴な疑問でした。すると、ここで神様が言いました。

「きづきから来た」

「きづき」とは「杵築」であり、出雲大社の古い名称「杵築大社」のことです。どうやら大昔に、出雲大社から来られたようです。

「えーっ！　本当ですか？　勧請されて来られたのですか？」

大昔、松江市のあたりは国際都市でした。そこにはたくさんの人が住んでいて、大陸から来た外国人も多く、街は明るくにぎわっていました。経済も発展していて、活気のある都市だったのです。

この国際都市から全国各地に人々が散らばっていく、みたいな時代がありました。土地を開拓しようと出て行く人、自分のムラや自分の王国を作ろうと出て行く人、新しい居住地を求めて旅に出る人など、目的は微妙に違っていましたが、未開の土地を目指したのです。

この時に出雲大社から神様を勧請して、関東にたどり着いた人がいたわけです。

「う〜ん、それって不思議です」

神様と一緒に行きたいというのはわかります。まったく知らない土地に行くわけですから、不安もあったでしょう。人間側の気持ちは想像できます。

その人は長い間、放浪して関東にたどり着きました。当時、関東は都会ではありません。田舎という言葉もマッチしないほどの原野だったように思います。けれど、その人はそこに住みつきました。これもわかります。

しかし、連れてきた神様は出雲大社にいたのです。当時は威厳のある造りの社殿だったそうで、高さが48メートルあったと考えられています。まだ伊勢神宮がない時代ですから、日本で一番の神社だったはずです。

その神社から未開の土地に、それも見渡す限り原野のようなところに来て、鎮座することは考えられません。神様は、普通の神様ではなく大蛇だからです。

最初はきっと社殿もなくて、小さなお社程度だったはずです。そこまで考えると、出てくる言葉がこちらです。

「う〜ん、信じられないです。そんなんありなのでしょうか？」

神様がここに鎮座しているのは、別の理由があるのかも？　と思いました。何か重大なことがあって、それで出雲大社から来ているのかもしれません。開拓者について来たのではなく、別経路で勧請されたのかもしれないです。もしかしたら、大蛇に見えているけど違う神様だったりして、ということまで考えました。

というのは、大蛇の神様は特別だからです。今はまだ皆様にお伝えできるほど詳しくわかっていないので書くことを控えますが、原野に鎮座する神様ではないのです。すると、神様がため息混じりに、

「お前は……疑い深いのぅ……」

と言いました。

「あ、すみません。でも、こうしてしっかり納得するまで徹底的に確認をするから、悪いものに騙されることがありません」

「うむ。いや。それにしても……疑い深い……」

神様は苦笑しつつ、

「すべて事実である」

と教えてくれました。ただし、関東に来た時はまだ眷属だったそうで、そこの私の勘違いを訂正してくれました。それを聞いてやっと腑《ふ》に落ちました。眷属だったらありなのかもしれません。ちなみに、私があまりにも疑うので、

「お前は見えているのではないのか？」

と、確認されたことも正直にお伝えしておきます。

「見えていますが、私のこの小さな脳では理解ができませんので……」

「はぁ〜（ため息）」

という会話も交わしました（笑）。

神様は太古の昔、出雲大社のご祭神の眷属だったそうです。関東に来てから神様になられ、ご祭神と存在が同じ系統なので、姿も同じだそうです。それで大蛇というわけです。

神々が出雲大社ではなく稲佐《いなさ》の浜に集合する理由

「古代の国際都市の中心は松江城の南側あたりだったのに、そこにあったであろう神社で祈願をせず、その人はわざわざ出雲まで行ったのですね」

松江城から出雲大社までグーグルマップの予測だと、徒歩で8時間くらいかかります。車だったら約1時間ですが、古代ですから歩くしかありません。出雲大社まで往復すると2日かかるわけです。いくら出雲大社が大きかったとはいえ、神様は松江にもいたでしょうから、そちらの神様でもよかったのでは？　というのが、私の意見です。

というか、私の最大の疑問は、出雲大社を創建する時にどうして国際都市だった松江あたりに造らなかったのか？　ということです。当時は出雲大社があるあのあたりの土地は超がつくほど田舎だったはずです。どうしてあそこなのか……と不思議で仕方ありません。

「稲佐の浜は非常に大事な場所である」

神様はそう言います。重要な場所であるから、稲佐の浜に近いところに出雲大社が築かれたそうです。

「稲佐の浜にどのような意味があるのですか？」

たしかに神々しい感じはします。しかし、私の意識では普通の浜です。神様の説明によると、多くの神々が集まることのできる場所であり、空間の格が高いらしいです。土地の波動も高いそうですし、パワースポットなのです。そのようなところは稲佐の浜以外にはない、とまで言っていました。

出雲大社で行われる神在祭の初日に、稲佐の浜には全国から神々が集まります。ここから出雲大社へ行くわけです。

実は、神様は瞬時に移動ができます。ですから、自分の神社から出雲大社の境内に一瞬で移動ができるはずなのです。それなのにどうして、出雲大社に現地集合をしないのか？　と、これも私が疑問に思ってきたことです。

　わざわざ稲佐の浜に集合する意味がわかりませんでした。人間がお迎えに行くから？　お迎えの神事をするから？　と思っていたのです。

　そうではなくて、多くの神々が「集合」できるところは、日本であそこしかないのです。空間の神格、空間の広がり、波動の高さ、土地のパワーなど、すべてをクリアしているところは他にはないそうです。それに加えて、稲佐の浜には神々を集め、呼ぶ機能もあると言います。

　もしも現地集合だったら、先に神格の高い神々ばかりが来ていると、小さな神様は境内に入りづらいそうです。波動の関係で、です。境内は浜辺と違って空間に範囲があるからです。つまり、神様側からすれば、現地集合よりも稲佐の浜のほうが心地よく訪問できるのですね。全員がスムーズに移動できるということで、稲佐の浜が玄関になっているそうです。

　多くの神々が来て会議の場所となる出雲大社は、この浜のすぐそばに造る必要があったのでした。国際都市に造れば便利ですが、神様のことを考えて、国際都市に築いていないのです。

こうして創建された神社に、日本中から神々が年に一度集まるようになりました。格式の高い神社だから、国際都市でも信仰していた人は多かったそうです。

関東を目指したその人は、出雲大社にお別れのご挨拶に行きました。当時、勧請という制度や意識はなかったので、参拝して、この地を離れます、どうかこの先もずっとお守り下さい、というお願いをしただけだそうです。

神様はその人のことをよく思っていたので、新しく見つける土地を栄えさせてあげようとついて行ったそうです。このような理由で出雲を離れた大蛇の神様はいないので、大蛇の神様は各地に散らばっていないらしいです。

大昔は眷属だったそうですが、今は立派な神様です。大きいです。お顔は犬みたいな感じで可愛らしく、まつ毛がパチパチしていて、耳はありません。出雲大社の神様と同じようなお顔をしています。世間に知られていないのが、もったいない神様です。

ちなみに願掛けはなんでも聞いてくれます。ご本人によると「開運招福」「栄えさせる」ことに強いということです。

23区西部エリア ―― 過去に紹介した神社仏閣

●平将門北斗七星 ▼118ページ参照

○筑土八幡神社〔新宿区筑土八幡町〕

独特の優しさを持ったほっこりとした性質の神様です。キリキリしていないので緊張しなくてもいいし、いつでもあたたかくサポートをしてくれるほのぼの系です。

○水稲荷神社〔新宿区西早稲田〕

優しいお稲荷さんが鎮座しています。社殿の裏手にお塚がたくさんありますが、お塚信仰をしない人は行かないほうがいいです。

○鎧神社〔新宿区北新宿〕

平将門北斗七星の結びとなる鎧の神様です。7ヶ所でもらったごりやくを守るために、鎧をつけてくれます。鎧は外からの攻撃に強いので、ごりやくが鎧の中で育ちます。

●四谷於岩《おいわ》稲荷田宮神社〔新宿区左門町〕

「東海道四谷怪談」で名前を使用されたお岩さんがいた神社です。誤解をされて悲しみに暮れていたお岩さんでしたが、立ち直って生まれ変わる決意をしていました。思いやりの深いお稲荷さんがご祭神ですから、親身になって願掛けを聞いてくれます。

●大山稲荷神社〔**渋谷区松濤《しょうとう》**〕

際立つ白さの狐姿のお稲荷さんがおられます。空間を走る（飛ぶ）と、その跡に虹のような光が残ります。お金のことと、成功に詳しいお稲荷さんです。

●築土《つくど》神社〔**千代田区九段北**〕

ビルの谷間にありますが、歴史は古いです。境内社の「世継稲荷」のお稲荷さんが非常に温和で、大きなごりやくを授けてくれます。

●靖國神社〔**千代田区九段北**〕

日本のことを、心から大事に思っている英霊が祀られている神社です。ここにいる阿南さんが素晴らしいお方で、誠意を持って後輩の面倒を見ています。

●東京大神宮〔**千代田区富士見**〕

神様は伊勢神宮から来られているので、さまざまな願掛けを叶えてくれますが、現在は恋愛専門のようになっています。魅力が増す魔法をかけてくれるような、ごりやくがあります。

●**豊川稲荷東京別院**〔港区元赤坂〕

金運に強いダキニ天さんがおられます。本殿だけでなく、奥の院でご挨拶することがポイントです。漠然と金運をお願いするのではなく、金額を言ったほうが叶えてもらいやすいです。

●**虎ノ門 金刀比羅宮**〔港区虎ノ門〕

肝の据わった、重々しく安定感のある落ち着いた神様で、男性のお姿です。雰囲気は軍神ですが、ラッキーパワーのメーターを上げてくれます。運気をよくしてくれる神様です。

●**五色不動** ▼120ページ参照

○**目黒不動：瀧泉寺《りゅうせんじ》**〔目黒区下目黒〕

道がつながっている不動明王像がたくさんあるお寺です。「独鈷《とっこ》の滝」の「場」のパワーが素晴らしく、本堂裏にいる大日如来さんもいろいろとお話を聞かせてくれます。

○**目青不動：最勝寺**〔世田谷区太子堂〕

本堂と不動堂が別になっています。お不動さんとの距離は近いので、波動をもらいやすいです。心地よい境内ですから、本堂のあたりをのんびり歩くといいです。

○目白不動：金乗院《こんじょういん》〔豊島区高田〕

ここのお不動さんは秘仏です。年に3回、ご開帳があるそうです。

●王子神社〔北区王子本町〕

熊野古道のひとつ「伊勢路」から来た神様がおられます。この地から熊野詣に行った、心根のよい人に勧請されて来たそうです。本殿左にある広場のようなスペースに熊野古道の「気」が流れています。

●王子稲荷神社〔北区岸町〕

ここのお稲荷さんは陽気でカラッと明るく、よく笑います。江戸っ子お稲荷さんという雰囲気です。茶目っ気たっぷりで冗談も言うため、楽しく参拝ができる神社です。

●大宮八幡宮〔杉並区大宮〕

小さな可愛いおじさんの姿をした妖精がいます。神様も眷属も小さいおじさん妖精を見て、常にほっこりと笑っているため、境内の空間が柔らかくてあたたかく、なごんでいます。人間はそのご神気に癒やされます。

●馬橋《まばし》稲荷神社〔杉並区阿佐谷南〕

たくさんのお稲荷さんが組体操のピラミッドみたいな感じで集合しています。全員がご祭神であり、眷属でもあるという珍しい構成です。会議によっていろいろなことを決めています。

●羽田神社〔大田区本羽田〕

正統派の牛頭天王がいる神社です。人生一発大逆転となるごりやくを与えてくれる力がありますが、普通の神様と違って、願掛けを叶えるのは気分次第です。いい意味での福引のような神社で、当たれば大当たりがもらえます。

●多摩川浅間《せんげん》神社〔大田区田園調布〕

富士山から直接来た女性の神様が鎮座しています。境内社の「阿夫利《あふり》神社」「三峯《みつみね》神社」「小御嶽《こみたけ》神社」にはそれぞれの神社から眷属が1体来ています。不思議なパワーを持った、大きな水晶玉がさわれるようになっています。

第3章

多摩エリア

大國魂《おおくにたま》神社

府中市宮町

上機嫌なおじさんの神様がお出迎え

いつか行かなければ、と思っていた神社です。リクエストが多い神社なので、実は過去に一度、参拝する計画を立てたことがあります。関東の神社仏閣を紹介した2冊の本の取材で行く予定だったのですが、時間の都合で行くことが叶いませんでした。ですので、この参拝をとても楽しみにしていました。

まず驚いたのは、大鳥居のすぐ外にあるご神木の2本のケヤキです。単純に太いなどという表現では言い表せない、迫力のある大木でした。特に神社に向かって右側のご神木の神聖さには目を見張るものがあります。

何百年もの時間が経過しているからか、「枯れてる？」という表皮で、若々しいものではありません。けれど、葉っぱは青々と大きく茂っていました。ちなみにこの2本のご神木は、古代から鳥居の代わりをしています。

境内にあるご神木も、根っこが大地をがっしりとつかんでいるものがあり、その根っこがどう見ても恐竜の足でした。力強いのです。本殿の裏にあったご神木は幹がいっぱい分かれていて、こちらも印象に残ります。木々がすごいな〜！　という神社です。

たくさん奉納されていた柄杓。

参道を歩いて行くと、左に柄杓《ひしゃく》がたくさん奉納されている境内社がありました。柄杓が奉納されているのを見たのは初めてかもしれません。

社殿のところにあった由緒板に「摂社　宮之咩《みやのめ》神社」と書かれていました。「安産柄杓」だそうです。見ると、女性の神様がおられました。お話はしていませんが、安産にごりやくがありそうな神様でした。

先へ進むと、随神門が見えてきます。ここでちょっとぽってりとしたおじさん姿の神様が見えました。ニコニコ、ニコニコとものすごく上機嫌なのです。大黒さんに見えないこともないという福々しさです。見ているこちらが嬉しくなるような笑顔です。

「よく来た、よく来た」

と、大歓迎してくれます。下調べなしで行っていますから、ふっくらしたそのお顔、ほんわかとしたそのお姿と包容力のある雰囲気で、「ご祭神は大黒さんかな？」と思いました。

中雀門《ちゅうじゃくもん》をくぐると堂々とした風格の拝殿があります。神様の威厳で拝殿が重厚に感じられるのではなく、この場所に重なっている時の重みでどっしりとしているのです。創建はかなり古いように思いました。

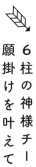

6柱の神様チームが願掛けを叶えてくれる

拝殿でご挨拶をすると、随神門の手前で見たニコニコ顔で50歳くらいの、おじさん姿の神様が出てこられました。この神様がご祭神なのでしょう。社殿の真ん中にいて、歓迎の言葉を述べていたからです。

しかし、周囲にも数柱の神様がいます。最初、その数柱は眷属だと思ったのですが、どう見ても神様です。数えてみたら、全部で6柱の神様がいました。

そこで、由緒板を読んでみました。そこには律令時代に6社を合祀した、みたいなことが書かれていて、数がピッタリなので本気で驚きました。総社として創立された神社だったということです。

慌ててその場で神社のホームページを読んでみたら、大國魂大神《おおくにたまのおおかみ》という神様が初めに祀られて、のちに6社を奉祀したと書かれていました。見えている6柱の神様はすべてご祭神だということはわかりましたが、私には6柱の神様しか見えません。由緒からすると、大國魂大神も入れて7柱いるはずですが、7柱もいないのです。6柱の神様が仲良く、和気あいあいとされていました。

メインの神様は前述した、ぽってりしたお姿のニコニコおじさん神様です。

「神様が最初に祀られた大國魂大神でしょうか？　6柱の中心というか、主役のように感じられるのですが……」

「神に上下はない」

誰が上だとか、主役だとか、どの神様が偉いとか、そういう上下関係はないそうです。みんな平等だと言っていました。

由緒が正しいとすると、律令時代は遠い昔です。その頃は人口も少なかったでしょうし、6社を合わせたところで、そんなに参拝者は来なかったのでは？　と思いました。そのあたりを聞いてみました。

神様が言うには、たしかに昔はここまで大規模な神社ではなかったそうです。参拝者もそんなに多くありませんでした。けれど、神様方は6柱が合祀された神社ができたことが、素直に嬉しかったそうです。つまり、現在いる神様はこの時に合祀された6柱なのです。

参拝者は時代とともに増えていき、今はとても楽しい、みたいなことを言っていました。全員がニコニコしているのです。私が見たところ、神様方はひとつのチームのような感じで、絆《きずな》が深く、6柱で力を合わせて仕事をすることを楽しんでいます。本当に仲がいいのです。

眷属には耳のとんがった山犬がいました。狼ではありません。耳がビックリするくらいとんがっていて、シュッとした感じで座っていました。スリムな山犬です。

おじさん神様が私に耳打ちするようにして教えてくれました。

「ここでの願掛けは叶いやすいぞ」

「そうなんですね！」

「うむ」

笑顔でうなずいています。

その理由は6柱の神様が手分けをして、せっせと叶えているからだそうです。たしかに、1柱しかいない神社よりは数倍叶いやすいかも、と思いました。

友情（と言っていいのか悩みますが）を大切にし、和を尊ぶ、そのような温厚で社交性のある神様が複数いる神社です。願掛けのお仕事を楽しんでいるからか、仲良しだからか、境内にはアットホームなご神気が流れています。そのご神気を浴びてご神木もすくすくと伸びているのです。眷属も例外なくおっとりしていて、雰囲気のいい神社です。

拝殿の左に、「人形流し」というところがあって、そこに休憩所がありました。椅子が置かれていて、自販機もあります。境内にベンチはありませんし、参道も長いので、疲れたら休憩所で休むといいです。ここでもご神気や波動はしっかりもらえます。

心が丸くなり、高波動も心地よく、心身ともに癒やされる神社です。どの神様も長い年月、修行を重ねていて力があるので、お願いはなんでもオーケーです。神様が和気あいあいなので、人間関係のお願いや縁結びには、特にごりやくがあります。

深大寺《じんだいじ》

調布市深大寺元町

気合が入った顔をしただるまの土鈴がおすすめ

早朝に行ったせいか参拝客がまったくいなくて、ありがたいことにずっと私ひとりきりの空間でした。まず、本堂で手を合わせてご挨拶をし、それから元三大師堂《がんざんだいしどう》へ行きました。元三大師さんがご本尊となっているところで護符を買いたかったからです。

深大寺では、角大師《つのだいし》が「元三大師降魔札《ごうまふだ》」で、豆大師が「元三大師利生札《りしょうふだ》」という名前になっていました。それらが1枚ずつ入っている「厄除《やくよけ》元三大師御守護御影」を購入しました。それと「散華《さんげ》」もついでに買っておきました。角大師と豆大師は守ってもらうための護符ですが、散華を買ったのは初めてです。

散華を包んでいる紙に説明が書かれていたので、紹介しておきます。

【散華とは法要をする際に、魔を退け、諸仏をお迎えする為に、蓮の花びらに見立てた華を撒《ま》き、堂内をお清めする為に用いられます。

御自身の身を守るお守りとして、また、鞄や財布などに入れて大切にお持ち下さい。

赤　鬼大師、白　角大師、黄　豆大師、緑　元三大師、紫　元三大師を表す梵字（キリク)】

しずくの形をした色紙に、それぞれの絵や梵字が描かれていました。

元三大師堂では護符と散華だけを購入し、本堂の前にある寺務所に戻って、絵馬と縁起物であるだるまの土鈴を買いました。だるまの土鈴は顔が微妙に違っているので、「おりゃーっ！」と気合が入っているものを選ぶことがおすすめです。

ひとつひとつ顔をじっくり見ていれば縁起のいいものがわかります。おお、これが一番気合が入ってるな〜、と思ったものを買います。気合を入れて運を呼んでくれるので、なんとなく買うのではなく、厳選したほうがいいです。

無口な元三大師さんが熱く語ってくれた修行の話

さて、この元三大師さんですが、私は今までじっくりとお話をしたことがありませんでした。なにせ前に出ない仏様なのです。円仁《えんにん》さんもそうで、こちらもお会いするのに非常に苦労しました。

そこで、次に書く本は東京の神社仏閣を紹介する1冊です、どうしてもこのお寺について書きたいのです、だからお話を聞かせて下さい、と必死でお願いをしました。

「元三大師さんがいる有名なお寺は喜多院ですが、所在地が東京じゃないし、今は比叡山にもコロナの関係で行けません。というか比叡山は東京ではありません〜。なので、ここでお話を聞かせて下さい」

静かに切々とお願いをしたわけではなく、ギャーギャーとうるさくお願いをすると、元三大師さんがフッと出てきてくれました。けれど、やっぱり控えめというか、多くを語らないという雰囲気なのです。

これは下手をしたら軽い会話で終わるのでは！　と焦った私は円仁さんと会ったこと

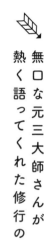

を一方的にお話しました。

「円仁さんも驚くほど控えめでした。最初はあまりしゃべってくれなかったんですけど、質問しまくって、たくさんのお話を聞きました。元三大師さんも、どーーーか、どーーーーーか、お話を！　ぜひぜひ！　たくさん！　聞かせて下さい！」

ンモー、うるさいやつだな、と思ったのか、元三大師さんは苦笑いをしながらうなずいてくれました。そこでさっそく、一番疑問に思っていることを言いました。

「円仁さんもそうなのですが、天台宗のお坊さんは皆さん……皆さん……」

ここまで言って、「最澄《さいちょう》さん」と言うのはダメだろうな？　と思いました。元三大師さんのことを「大師」と呼んでいるわけですから、ここでは最澄さんも大師で言うべきです。そこで、はて？　最澄さんは何大師だったっけ？　と、ド忘れしました。

空海さんは弘法大師で、えっと、さっき買った護符は角大師と豆大師で、比叡山では降魔大師といわれている絵がここでは鬼大師という名前で……ああっ、最澄さんは何大師だったっけ？　あれ？　あれれれ？　と必死で考えても出てきません。

思い出せないものは仕方がないので、あきらめて「最澄さん」と言いました。

「天台宗のお坊さんは皆さん、最澄さんを敬う気持ちが強くて、前に出ないことに驚きました。立派な仏様になっていらっしゃるのに……」

元三大師さんは私が「最澄さん」と言ったところで、本気で笑っていました。思い出せずに四苦八苦していたことを知っているのです。笑ってもらえたおかげで場の空気が軽くなり、元三大師さんはそれまでの距離感を一気に縮めて、親しい雰囲気を出してくれました。そしてこう教えてくれたのです。

「宗教には合う・合わないがある」

同じ疑問を円仁さんにも話したことがあります。円仁さんは最澄さんに対して「自分を導いてくれた人である」と、絶対的な尊敬の気持ちを抱いていました。武士でいうところの忠誠心みたいな、恩があるという気持ちがとても大きいのです。

元三大師さんは、宗教には合う・合わないという相性があるというところから説明を始めました。自分がその宗教にピタッとはまるのか、しっくりくるのか、その感覚が大事だと言います。ほんのわずかに合わないとか、ちょっぴり違うということもあるからです。

「仏教が合わないという人もいるだろう？」

「ええ、います！　います！」

そのような人からブログにメッセージをもらうことがたまにあります。逆に神道が合わないという人も、まれにですが、います。その人は仏教のほうが合うと書いていました。

生まれつき持っている信仰のタネの種類、神様と仏様のどちらに自分が近いのか、魂の方向性などで、今世の自分とピタッと合う宗教、合わない宗教があるわけです。そういう意味で相性は存在します。

お坊さんが修行をするにしても、どの山に登るかによって悟りの度合いが違うそうです（まったく同じ修行内容だったとしてもです）。

「修行をする山には開祖がいる。伝教大師が……」

そこまで聞いて、あっ！　そうそう！　そうでした！　伝教大師でした！　教えてくれてありがとうございます！　と、思わず声が出ました。

元三大師さんはお話の途中で、さりげなく私が思い出せなかった「伝教大師」を教えてくれたのです。ふ～、スッキリした、ということで爽やかな気分で先を聞きました。

元三大師さんは私の反応を見て笑顔になり、また真面目な表情をして話を続けます。

最澄さんが比叡山をひらいたことによって、元三大師さんも円仁さんも比叡山で修行ができました。奮励《ふんれい》努力の結果、高僧になることができ、死後はパワーあふれる仏様にもなれたのです。

「自分が今こうして、仏として活動ができるのは伝教大師のおかげである」

「あのお方が比叡山をひらいていなかったら、自分は仏にはなれていない。たぶん、円仁もそう思っているだろう」

なるほど～、と思いました。元三大師さんによれば、比叡山をひらいたことはものすごく意義のあることなのだそうです。日本の仏教を変えた、それが過言ではないほど偉大なことであると言っていました。

大袈裟に言っているのではないぞ、事実そうなのだ、と力説します。だから、あのお方（最澄さん）に比べると、自分たちはまだまだである……と締めくくっていました。

そこでふと疑問が湧いたので聞いてみました。

「高野山だったら、どうだったのでしょうか？」

「あそこまで修行をしていなかっただろう」

高僧になれるほど頑張らなかったように思う、とのことです。やっぱりそこには合う・合わないという相性があるからです。

高野山も素晴らしい山です。立派な僧をたくさん出しています。元三大師さんとは逆で、高野山での修行はとことん頑張れるが、比叡山では頑張れないという僧もいるそうです。どちらの山がいいとか、どちらのレベルが高いとか、どちらかがより仏様に近いとか、そういうことではないそうです。何度も言いますが、そこは相性なのです。

元三大師さんは、自分は比叡山だったと語っていました。円仁も比叡山だった、と言います。比叡山と合っていたから深く修行ができたし、霊格も上がったわけです。

仏様になることができて、現在人々のために尽くせるのは、あの山があったからであると敬意を込めて話していました。そして、その比叡山をひらいたのは最澄さんです。日本の仏教世界を変えたお方だから、あの方に比べると自分はまだまだであるとのことでした。

よって、前に出るなどありえない、というわけです。そのような大それたことは思ってもいない、みたいな口調でした。

非常に謙虚な元三大師さんです。優しいし、私は大好きなのですが、生前の印象はちょっと違うみたいです。

「あの～？　元三大師さんって、生きている間はすごく怖い人だったそうじゃないですか？　そのように書かれたものがあるらしいですよ？」

　すると、元三大師さんはニヤリとした表情で、ククと笑っていました。この件に関してはノーコメントで何も語らずでした。

感染を広める「魔」を寄せつけないことが大切

「今はコロナの感染で世の中が大変です。元三大師さんが疫病を抑えた、あの時と似ていると思います。コロナから身を守るには、当時と同じように角大師の護符を貼っていたら大丈夫なのでしょうか？」

　元三大師さんが生きていた頃にも疫病が流行りました。疫病で苦しんでいる人々を救わなければ！　と思った元三大師さんは、自分が疫病（魔物）退散を念じている姿を、弟子に写しとるよう命じました。弟子が必死で描いたその姿が……角大師なのです。

　弟子たちはこの角大師の護符をたくさん作り、民家を一軒一軒まわって配ったそうです。そして護符を戸口に貼るように言いました。護符を貼った家の人は疫病にかからず、さらに、病気だった人までが全快したりして、疫病の流行は収まりました。

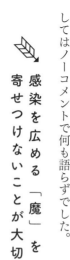

護符に描かれている角大師は、元三大師さんご本人の姿です。疫病（魔物）退散を念じている、その鬼気迫るオーラをまとった姿を鬼として見ることのできた弟子が、忠実に描き写したものです。

ここで大事なのは、角大師の絵は「角大師」という〝別の存在（別人）〟ではないということです。

護符を家々の戸口に貼らせたあとで、元三大師さんはお寺にこもって疫病消滅の祈禱・調伏をしています。その時に、仏様の力を借りて、角大師という〝自分の絵（自分の分身）〟にパワーと波動を送っているのです。もちろん、仏様の力も加えて、パワーを強大なものにしています。

強烈なパワーを送ることで、護符自体が仏様のリアルな高波動を持ち、元三大師さんと仏様のパワーが中から出現する護符となったそうです。

もともと護符というものは、おふだやお守りと違って神仏の波動が入っていません。そこに、仏様のリアルな高波動を送ったわけです。護符の絵が自分の分身だからできた技です。見る者が見たら、もわ〜んと光って見えたそうです。こうして当時の疫病から多くの人を救ったのです。

そのパワーを、今の時代に使えないのだろうか……と思ったので、そこからいろいろと質問をしてみました。

元三大師さんが言うには、仏様のリアル高波動は振動力が強く、その波動の力で死ぬウイルスも中には、いるそうです。ウイルスは全部が全部一緒ではなく、たとえば10個ウイルスがいたとして、そのうちの1個は高波動で死に、3個は高波動に負けてひょろろ〜んと弱まるなど、ウイルスによって違うそうです。仏様の高波動を浴びても、しっかりとたくましく生き残るものもいて、残念なことにそれが大半だそうです。

感染が広まるのは、「魔」の影響もあると言います。

病気を流行らせる「禍《まが》つ神」という神様がいますが、現在はすべて大きな神様に抑え込まれています。ですから、禍つ神が何か悪さをするということはありません（禍つ神については『開運に結びつく神様のおふだ』という本に書いています）。

問題は「魔」だけです。「魔」がウイルスを利用して、人間を死なせたり、困らせたりするわけです。病気を流行らせて、人間たちを苦しめてやろう、いひひひ、と喜ぶ愉快犯……それが「魔」なのです。

そこで、仏様のリアル高波動を角大師からもわわわ〜んと光らせ、放出させます。そうすることで「魔」が寄りつきません。「魔」が寄ってこなければ、ウイルスが10個家に入ってきても、その10個は体内に入らないのです。ウイルスも長生きするわけではないので、そのまま死にます。

「魔」に翻弄されないためには、「魔」を寄せつけないことが一番大切だと教わりました。話を聞いていて、へ～、なるほど～、とここまではわかりました。

しかし、現在、元三大師さんは仏様です。生きていた時は祈禱・調伏で、強烈な念やパワーを自分の分身である角大師に送っていたのでしょうが、今は？ と思いました。仏様が祈禱・調伏はしないでしょうから、そこが疑問だったのです。

「仏様の世界から、祈禱・調伏クラスの強いパワーとか、高波動とか、そういうものを角大師の護符に送れるのでしょうか？」

「送れる」

生きていた時は仏様の力を借りて送っていたのですが、今は自分が仏様なので、もっとスムーズに送れるそうです。さらに、人間が祈禱・調伏して作るパワーよりも仏様パワーのほうが当然大きくて強く、さらに仏様の世界にいるため、他の仏様の力も一緒に送れるそうです。

角大師の護符のパワーをもっとも強める方法

元三大師さんは護符の貼り方について、こう言いました。

「仏の波動が受け取れるように貼りなさい」

わざわざこう言ったということは、仏様の波動を受け取れない貼り方がある、ということです。

「そこを詳しく教えて下さい！」

「お前の家にある角大師は穴をあけているだろう」

「え？　穴？　ああ、そうですね。押しピン（画鋲《がびょう》）で貼っていますから、護符の隅に穴があいています」

「それでは受け取れない」

「えええーっ！」

誤解のないように言っておきますが、押しピンを使うと仏様が送るリアル高波動を受け取れないだけです。「魔」を家の中に入れないようにするという〝既製品〟の護符としての機能は損なわれません。

護符は、護符自体が効力を持っており、紙に術がかけられているようなものですから、護符が勝手にその力を発揮して効く、というシステムです。

我が家に貼ってあるものには、もともと持っている「魔」を入れないという機能、そういう既製品としてのパワーはありますが、逆に言えばそれしかない、ということです。もともと持っている機能は押しピンで貼っても消えたりしないので、「これで十分です」という人は問題ありません。

でも、たとえ小さくても護符に穴をあけてしまうと……仏様がリアル高波動を送ったところで、反応しない、受け取れないというわけです。つまり、もわわわ〜んと光らないのです。

仏様のリアル高波動を保持した護符でなければ、いくつかのウイルスを死なせることができませんし、「魔」を強くはじき飛ばすこともできません（「魔」を家に入れないようにするという既製品よりも、仏様の波動はもっと強力に〝はじき飛ばす〞ことができるのです）。

「では、どうすればいいのでしょうか？」

「昔のように貼りなさい」

糊《のり》で〝家に〟ペッタリと貼らなければいけないそうです。本来なら家の外に貼ったほうがいいのですが、現代はそうもいかないことを元三大師さんもご存じなので、玄関の中に、ドアのほうに向くような感じで貼ればよい、とのことでした。

ここで私は「護符を玄関に貼るのは人が来た時に恥ずかしい」というメッセージが読者さんから来ていたな～、と思い出しました。読者さんの代表として、質問があったことは確認しなければなりません。

「たとえば、ベランダがあるお部屋……リビングとかに、ベランダ（外）に向けて貼るのはどうでしょう？」

「お前の家はベランダから人が訪ねてくるのか？」

「いえ、違います……玄関です」

「では、玄関に貼りなさい」

やはり、人が訪ねてくるところ限定です。

「透明のボードか何かに糊でベターッと貼って、その透明のボードに穴をあけて壁に吊《つ》るすのはどうでしょうか？」

「それは、家に貼っているのか？」

「違います。ボードに貼っています」

「家に貼りなさいと言っただろう？」

「はい……」

元三大師さんは、ふ〜、とため息をもらしていました。

きゃ〜、元三大師さんっ、違うんです！　私は読者さんのために、いろんな確認をしないといけないのです！　と言おうとしましたが、重要なことではないので、めげずに続けて質問をしました。

「糊は四隅だけでもいいですか？　つまり、護符と壁との間に隙間があってもいいのでしょうか？」

糊は四隅だけでも「貼っている」から大丈夫だそうです。護符の裏に、糊を全面に塗ってベッタリ貼らなくても、2ヶ所でも3ヶ所でも、糊でしっかり「家」に貼ればいいのです。家と密着している部分があるため、ちょっとくらいの隙間はオーケーです。

「貼り直しはダメですよね？　貼って、あ、ちょっと歪んでいるから貼り直そう、と剥がしたらアウトですよね？」

貼って、剝いだ時点で護符の役目は終わり、護符ではなくなる、と言っていました。だから、歪んでいようと、斜めになっていようと、一旦貼ったらそのままです。

ここからはブログに来た質問を参考にして、もう少し詳しく貼り方を説明しておきます。

「護符を糊以外で貼るのはどうでしょう?」（セロハンテープ、セロハンテープを輪っかにしたもの、マスキングテープ、両面テープ、ガムテープなど、多くの質問がありました）

元三大師さんはハッキリと「昔のように」「糊で」と言われました。ですので、仏様の波動を確実に受け取りたい人は糊で貼ったほうがいいです。護符は当時のやり方で効力を発揮するようになっているからです。当時はセロハンテープや両面テープがなかったので、仕方がないのです。

「シール、ステッカー、マグネット、カード型の角大師（質問が来たのはこれだけですが、お守りとか、クリアファイルなどもあるかもしれませんので、それもここに入ると思って下さい）にも同じような効力がありますか?」

ここに書かれているものは、すべて〝護符〟ではありません。護符とはペラペラした和紙1枚に角大師が描かれたものです。ですから、既製品の〝護符〟としての「魔」を入れない効力もこれらのものにはありません。こちらはすべてお守りの類になります。

「玄関に貼った護符の表面（上）に、額縁の絵画を掛けて覆っています。これでも効果はありますか？」


あることはあるのですが……私だったら覆いはしません。角大師が見えているほうが効果は大きく、ストレートに波動を響かせることができるからです。

「角大師を3枚、貼っています。問題ありませんか？」（同じような質問で、「家の中と外に、角大師を2枚貼ればより強力に守ってもらえますか？」というものがありました）

どちらも問題はありません。ただ、何枚も貼っていても、たった1枚きりでも、効果・パワーは同じです。枚数によって効果やパワー、波動が2倍になるとか、3倍になることはありません。

「護符が半分ペローンと剝がれています。これでも効果はあるのでしょうか？」（似たような質問で「自然と剝がれてきました。これでも効果はありますか？」というのがありました）

家に〝糊〟で貼り、糊がまだしっかりくっついている部分があれば大丈夫です。効力をキープしています。ペローンとなった部分に新しく糊をつけて貼り、固定させておけば、さらに効果は続きます。護符は全部が剝がれるまで、無期限に効力があるのです。

「深大寺、喜多院、比叡山以外のお寺で買いました。効力は同じでしょうか？」（絵が違う、角大師だけど角大師っぽくないという内容のメッセージもありました）

効力は同じです。どこで購入しても、絵が多少違っていても〝角大師〟であれば、それは元三大師さんの、疫病をやっつける専用の分身です。仏様の世界からしっかりと波動を送ってもらえます。

「戸口の外側に貼る場合、ラップとか薄いビニールで覆っても大丈夫でしょうか？」

雨で破れたりするため、しょっちゅう貼り替えなければいけないというデメリットがありますが、この貼り方が実は一番効果的です。でも、雨よけのためにラップやビニールでピッタリ覆ったりするのは……NGです。効果を封印してしまいます。

「貼るのは、玄関の正面じゃなくてもいいのでしょうか？」

大丈夫です。我が家はそうです。真正面ではありません。横の壁に貼っています。ただし、天井に貼るのは厳禁です。

「神社のおふだを護符のそばに置いてもかまいませんか？」
仏様の高波動を受け取る用の護符、つまり、糊で貼った護符なら、なるべく1枚にしたほうがいいです。でも、どうしても神社のおふだも置きたいのであれば、違う壁にします。

感染防止のために私がしている守り

こうして「仏様の波動を確実に受け取れる護符」として貼っておけば、元三大師さんが仏様の世界からリアル高波動やパワーを、自分の分身である角大師に送ってくれます。見える人や「魔」には、もわわわ〜んと光って見えます。

基本、「魔」は寄ってきませんが、もしも、強引に無理やり取り憑《つ》こうとする強い「魔」が来ても、はじき飛ばしてくれます。「魔」に苦しめられたり、乗っかられたりすることがなくなります。コロナ禍が終息しても「魔」をはじき続けるそうです。

角大師は〝家の玄関〟で守りを固めています。よって外出先で感染する、家族が外で感染するのは止めることができません。けれど、感染したとしても、症状が軽くてすむようにしてくれるそうです。

仏様の波動を受け取る貼り方を聞いて悩みましたが……私はアドバイス通り糊で貼りました。糊のせいで壁紙が変色したら、退去する際にそのあたりの壁紙を一部張り替えなくてはなりません。ちょっぴり負担が増えますが、仕方がないと腹をくくりました。

剝がした護符はそのまま捨てても問題ありません。おふだやお守りとは違うからです。剝がした護符はただの紙きれになっています。

〝家〟を守ってもらうこと、「魔」を入れないことに関しては、角大師の護符は本当にパワーを発揮します。

ついでに、私がやっている外出先での守り（新型コロナウイルスをどう避けるか）も書いておきます。

私は、外では神様に守ってもらっています。お守りを持ち歩いているのです。

ご縁を下さっている神様がいるので、お守りは必要ないといえばそうなのですが、外に出る時は必ずお守りを持つことにしました。いざという時に神様にSOS発信するためです。

〝コロナ用のおふだ〟も家に置いています。これがあれば、眷属が見回りに来てくれます。お守りにしろ、おふだにしろ、神様か眷属が実際に来てくれるので安心できます。来た時に、近くにウイルスがいるのを見つけたら、感染しないように守ってくれます。

以前にどこかで書きましたが、私の人生のパートナーである元夫には難病があります。なので、私は自分のためというよりも、元夫のために守りを徹底的にしています。

疫病から守ってもらうのは、神様と仏様、どちらか一方でもかまわないのですが、両方にしっかりと守っていただくほうが、守りがより強固になり、確実で、安心です。

東伏見稲荷神社

西東京市東伏見

神格の高い、パワーあるお稲荷さん

大きな鳥居をくぐって境内に入り、鮮やかな赤い神門を通過すると社殿が見えてきます。社殿も赤が基調で、そんなに大きくはありませんが、縁起がいい配色です。穏やかな性質のお稲荷さんが鎮座しています。

波動から伏見稲荷大社から来られたことがわかりますが、鎮座している雰囲気に歴史が感じられないので調べてみたら、昭和4（1929）年の創建でした。神社のホームページによりますと、【関東地方の稲荷信仰者たちが、東京にも京都の伏見稲荷大神のご分霊を奉迎《ほうげい》してその御神徳に浴したいとの熱望が高まり、京都伏見稲荷大社の協力で、昭和4年に創建されました。】とのことです。

この神社に鎮座している期間は短いのですが、神格の高いお稲荷さんが来られているので、神様としてはパワーがあります。眷属がここに来て修行をしたというパターンではなく、神様になっているお稲荷さんが来ているのです。

神社がある場所の「東伏見」という地名は、この神社ができてからつけられたそうです。地域の人々のお稲荷さんが来られた時の喜びや大歓迎した気持ちが伝わってきます。素敵なエピソードですね。

私が参拝した日は、駐車場（社殿のすぐそばです）にトラックが停まっていて、おじさんがふたりで何かを相談していました。ですので、ブラブラしづらく、

「長居ができないし、集中もできないので、お話をたくさん聞けません～」

とお稲荷さんに泣き言を言ってみました。すると、

「裏を歩いてきたらどうだ」

と、ニッコリと笑顔ですすめられたのです。

「え？　裏ですか？」

言われた通りに社殿の後方へ行くと、そこにはお塚エリアがありました。お塚ばかり

ですが、けっこう広いのです。鳥居もたくさん立っています。

お塚エリアのお稲荷さんたちは仲良しでにぎやか

一般的にお塚信仰の場は、手入れが行き届いていなくて、打ち捨てられているようなところが大半ですが、ここは信仰されているお塚が多かったです。

入口から入って赤い鳥居が並ぶ参道をまっすぐに進むと、左側に「権太夫社」というお塚があります。ここにいるお稲荷さんが、このお塚エリアの責任者というか、ボスというか、まとめ役みたいな感じでした。

じぃーっと見ていると、「祝詞」と言われました。

「え！　ここにあるお塚、ひとつひとつに全部、唱えるのでしょうか？」

ややビビりながら聞くと、お塚エリア全体に対して1回唱えればよい、と言われました。そういうことだったら、いつもより大きめに声に出したほうがいいなと思い、つぶやくような小声よりもちょっと声を出して祝詞を唱えました。それから、自分がどこの誰なのか、自己紹介もしました。

お塚は意外とたくさんあって、奥のほうは参拝が少ないようでした。まんべんなく歩いていると、奥のほうのお稲荷さんにキラキラと期待されるような目で見られました。

「すみません。本やブログに書いても、コンスタントには来てもらえないと思います」

「参拝に来てくれても、願掛けはきっと本殿のお稲荷さんにするでしょうから、期待はしないで下さい」

「あ、でも、コンスタントな信仰はしてもらえないと思いますが、このエリアを歩いてくれる人は、そこそこいるように思います」

こう言うと、あちらこちらから、「それでいい」「それで十分だ」という声が聞こえてきました。

お塚エリアを参拝してもいいという人は、入ってすぐの参道入口か、権太夫お稲荷さんのところで、お塚エリア全体のための祝詞を唱えます。それから、自分はどこから来た誰それです、みたいな自己紹介をします。たとえば、「東京都千代田区から来ました。東京駅子です」といった感じです。千代田区まで言うと丁寧です。丸の内という町名まではいりません。

こうすれば、歩きまわって、写真も撮りたいだけ撮っていいそうです。もちろん、1

回きりの訪問でもまったく問題ないし、個別にお塚に手を合わせなくてもいい、とのことです。

私はここで、読者さんのためにしっかりと念押しをしておかねば！　と思い、重ねて質問をしました。

「このエリアを歩きまわり、写真を撮るだけ、信仰心はありません、という人が来たらイヤだ、困る、というのであれば、今ここで言って下さい。本には書きませんから」

すると、このエリアにいるお稲荷さん全員が一斉に集まって、相談を始めました。

人がたくさん来れば活気が出る、場が上がる、にぎやかになる、明るくなる、みたいな意見が出て、人間が歩きまわるだけで空間が変わるのだからいいではないか、という意見に落ち着きました。

「歩いてもらうだけでいい」

「そうだ」

「歩いてもらおう」

「それがいい」

というわけで、オーケーが出ました。しかし、ここはお塚エリアです。もしもの場合を考えて、もっと突っ込んだ話をしておきました。

「あの、申し訳ないのですが、本当に信仰は保証できません……。というか、信仰する人は来ないと思って下さい。ですから、軽い気持ちで写真を撮るだけ、興味本位でお塚を見るだけ、歩くだけです。それがダメなら、今、私に言って下さい」

お塚のお稲荷さんは皆、また一斉に集まって、がやがやと話し合います。そして、最終的にキッパリとした結論が出ました。

「歩いてもらうだけでかまわない。来るのは1回きりでもいい。信仰がなくても問題ない。本に書いてほしい。その代わり、祝詞だけは唱えてほしい。できれば、自己紹介もしてほしい」

このエリアにいるお稲荷さんは私が何か言うと、全員がパッと集まって、がやがやがやと相談をします。意見を述べ合って会議をするのです。仲のよい、協調性豊かなお稲荷さんばかりです。

最後にもう一度、本殿でご挨拶をしました。

本殿のお稲荷さんはお塚のお稲荷さんたちよりも、神格が高くて、強いです。地域の人の信仰が集まっているので大きく、パワーもありました。性質がそのまま反映されたご神気は優しくて、それが境内に満ちています。お塚エリアもポカポカとしたよい雰囲気ですから、ちょっとした散歩をするのにぴったりの神社でした。

高幡不動尊
高幡山明王院金剛寺

日野市高幡

密なご縁を下さる、強いご不動さん

仁王門から入り、まっすぐに不動堂へ行きました。こちらのお堂に強いお不動さんがいると思ったので、不動堂からお参りをしたのです。

しかし、不動堂では仏様の波動を感じることがなく、おかしいな？　と思いつつ、もうひとつ奥のお堂（奥殿）に行くと、そこに「重要文化財　丈六不動三尊参拝口」という立て看板がありました。こっちだったんだ〜、と石段を上がって手を合わせましたが、お不動さんは遠いです。ガラスがはまっている扉の向こうなので、さらに距離を感じました。

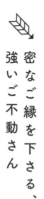

ありがたいことに、ここは300円の拝観料でお不動さんのすぐそばまで行くことができます。お不動さんが安置されている部屋に入れるのです。もちろん、拝観しました。拝観順路は寺宝から見るようになっており、そんなに期待していなかったのですが、刀や仏像など意外と興味深いものがありました。そして、それがいい具合に古かったりして、「ほぉ〜」みたいな感じで楽しめました。順路に従って進むと、最後がお不動さんの部屋になっています。

ここの不動明王像は木造で、平安時代のものです。迫力があって、パワーも備えています。強いお不動さんです。しかも、お顔が素敵でなんとも言えない魅力があるのです。

「この不動明王像は素敵に作られていますが、もしも気に入らない像だったらどうされますか？　顔が超ブサイクで、うわぁ、この顔はちょっとなぁ……という像だったら、そこは正直どう思われるのでしょうか？」

仏像だからといってどれも傑作とは限りません。運慶・快慶作の仏像なら文句なく気に入るでしょうが、仏師が素人のように下手で才能がなかったら、どう思うのだろう？　と聞いてみたのです。

「出来は関係ない」

クールな答えが軽く返ってきました。仏像の出来ばえは関係ないそうです。その仏像を信仰する人がいれば、そこに行く、顔を出すとのことです。

庚申塚などは、「う〜ん？」と首をかしげるような出来のものがたくさんあります。神社やお寺にまとめて置かれているものをよく見ますが、街なかに置かれていた石仏は素人の彫ったものが意外と多いのです。

えーと？　これ、まさかお不動さん？　というものがあったり、うわ、これは仏様には見えません、というものがあったりします。子どもが彫ったのかな？　とツッコみたくなる仏像が少なくないのです。

けれど、そのようなものでも全然かまわないそうです。信仰する人がいたら、それは立派な仏像であり、出来は関係ないのですね。

このお不動さんも優しかったです。私の上に今乗っている、重くてよくないものを全部祓って下さい、とお願いをすると、剣をクルクルクルッとまわして、祓ってくれました。若干重かった体が一気に軽くなりました。

拝観させてもらえたおかげで、間近でお不動さんを見られたし、お話もできました。濃い波動ももらえました。時間制限がなく、いたいだけいてもいい、というのも嬉しいです。私は30分以上お不動さんの部屋にいました。密なご縁を下さるお不動さんなので、部屋に入ってじっくりお話をして、お顔を見て、ご縁をいただくといいです。

鳴り龍や五鈷杵《ごこしょ》、土方歳三の位牌も

鳴り龍が見られるという大日堂が境内の奥にあります。鳴り龍……それは何？　ということで行ってみました。拝観料は200円です。入ってすぐに大広間がありました。入口のところに、大きめの五鈷杵が置かれています。煩悩を祓うと書いてあったので（うろ覚えです）、とりあえず五鈷杵を撫で撫でしました。

大広間の入口正面に立つと、内陣の扉にちょっとだけ隙間が作られていて、仏様が見えるようになっています。そこから五色の紐が大広間入口までつながっています。この紐でご本尊とご縁を結べることが書かれていました。ありがたく紐を合掌した両手で挟み、さらにそれを頭を下げた状態で額にくっつけてご縁をいただきました。

次に、内陣の手前にある板張り（3メートル四方くらいです）に入ります。ここで拍手をするように書かれているのです。何気なく、パン！　と拍手をしたら、ビィィィィィーン！　とものすごい音が響きました。

もちろん、私なんぞに音が鳴るこの仕組みはわかりませんが、妙に楽しいのです。もう一度、パン！　と手を叩くと、やっぱりビィィィィィーン！　という「音」が天井に響き渡ります。ほぉ～、これはすごいなぁ、と思いつつ、天井の絵を見ました。

天井には龍が描かれています。かなり薄くなっているので、尻尾のあたりはわかりやすいけれど、頭のところは見えにくかったです。

音響をもっと経験したいと思った私は、さらにもう2回ほど拍手をしてみました。何回やっても「すごいな～」と思う音でした。振動があるとかではなくて、「音」が鳴るのです。

仏様は金色の大日如来像でした。ピカピカです。お堂の奥には大黒さんの置物があり、「撫で大黒」とのことで、撫で撫でしました。その横にはえびすさんではなく、寿老人の置物がありました。こちらも撫で撫でさせてもらいました。

内陣の裏側には位牌がたくさん置かれていました。数え切れないほどの位牌の中に、土方歳三や近藤勇の位牌がありました。写真とともに置かれていたのでわかりやすかったです。沖田総司の写真はなく位牌だけでした。

ここで不思議なことが起こりました。

土方歳三の位牌の前に立って、写真を見つつ、「へぇ〜、これが土方歳三の位牌なのか〜」と顔を近づけて見ていたら、位牌が低い声で何かしゃべったのです。聞き取れなかったのですが、もぞもぞと何かを言いました。男性の声で。

その声は完全に3次元の声で、3次元に響く音でした。ですから、誰が聞いても聞こえていたと思います。そのあとはシーンとしていました。土方歳三は私の前世が志士だとわかったみたいで、それで声をかけたようでした。

あとから知ったのですが、ここは土方歳三の菩提寺《ぼだいじ》だったのですね。その時は知らなかったので、「土方歳三のお墓に行っても面白いかも……」と思いました。この本を書くにあたって調べてみたら、お墓は高幡不動尊のすぐ近くにありました。

埋葬されたのは北海道ではないのです。もしかしたら、お墓に来いと言われたのかもしれません。ハッキリ聞こえるように言ってくれればよかったのに〜、というわけで、いつかお墓にも行ってみようと思います。

ここはお不動さんに密なご縁をもらえるお寺です。ビィィィィィーン！　を体験できるのも面白く、お寺の五鈷杵をさわらせてもらえるのもありがたいです。五鈷杵は一般家庭に置いていても効力はゼロですが、お寺にあるものにはパワーがあります。ですから、お寺で撫でさせてもらえるのはありがたいことなのです。

興味がある方は土方歳三の位牌に話しかけてもいいかもしれません。現代でも道はつながっていましたし、お墓も近くにあるみたいです。

多摩エリア・島しょエリア ―― 過去に紹介した神社仏閣

●谷保《やぼ》天満宮〔国立市谷保〕

菅原道真公の息子、道武さん神様が鎮座しています。学業成就にごりやくがあります。ニワトリが楽しいおもてなしをしてくれる神社で、癒やしももらえます。

●高尾山　薬王院〔八王子市高尾町〕

長野県の飯縄山から来たカラス天狗がおられます。このカラス天狗は仏格の合う大天狗をみずからスカウトしてきて、それで両天狗が揃ったお寺になっています。高尾山は小さな天狗たちの修行場でもあります。

●武蔵《むさし》御嶽《みたけ》神社〔青梅市御岳山〕

ペットに優しい神社です。眷属が狼ですから、悪霊とか、幽霊、「魔」を祓ってもらえます。狼はそちらの専門職、プロフェッショナルです。

●住吉神社〔青梅市住江町〕

境内社のお稲荷さんは尻尾が7本あります。精霊であり、「妖」のパワーが使えます。本殿の神様は武家のお姫様姿で、住吉大社（大阪府）の第四本宮から来られています。

● 三原神社〔大島町野増〕

火をつかさどる黒龍がご祭神です。別の言い方をすれば、火山の火の神様です。三原山は地球内部からの強いエネルギーをもらえるところです。低迷した運気を変えるごりやくがあります。

第4章

皇居

皇居
MAP
竹橋駅
将門塚
皇居 東御苑
大手門
大手町駅
坂下門
桔梗門警備派出所
宮殿
正門
東京駅
皇居外苑
二重橋前駅
桜田門
日比谷駅
有楽町駅

北の丸公園
吹上御苑
桜田門駅

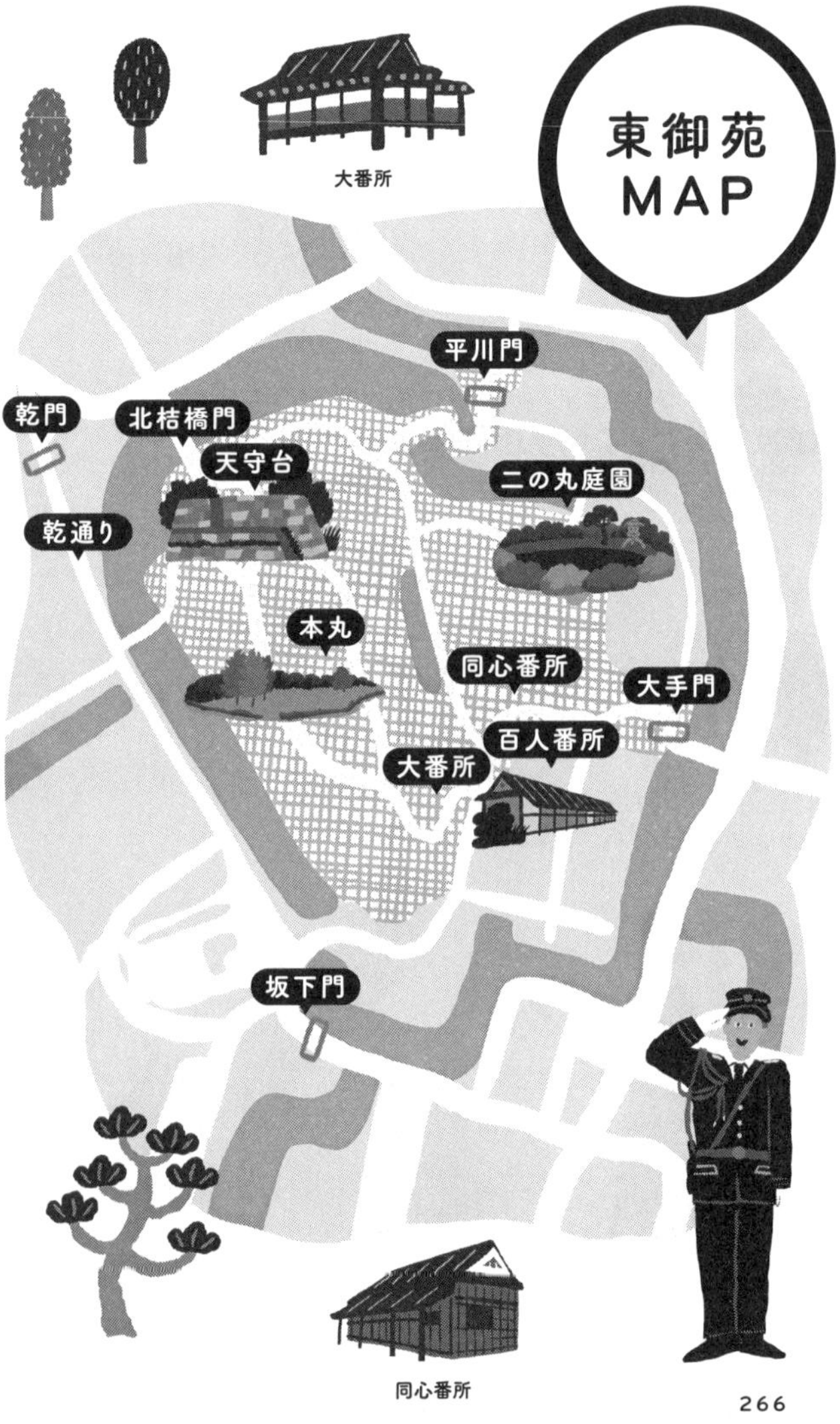
東御苑
MAP
大番所
平川門
乾門
北桔橋門
天守台
二の丸庭園
乾通り
本丸
同心番所
大手門
百人番所
大番所
坂下門
同心番所

皇居

千代田区千代田

江戸城にはとてつもないパワーがあるらしい

皇居には2回、行ったことがありました。1回目は平成31（2019）年の桜の季節です。毎年行われる恒例の「乾《いぬい》通りの一般公開」で行きました。皇居内の桜を観賞させてもらえるイベントです。初めての皇居は「江戸城内にいるんだな〜」と感無量でした。

2回目も同じく2019年、「大嘗宮《だいじょうきゅう》」の一般参観でした。大嘗宮とは、大嘗祭を行うための古代様式の御殿というか宮殿で、大嘗祭に合わせて新設され、その後すぐに取り壊されます。大嘗祭の説明を日本大百科全書（ニッポニカ）から引用しておきます。

【天皇が即位ののち初めて新穀を天照大神《あまてらすおおみかみ》をはじめ天神地祇《てんじんちぎ》に奉り、自らも食す祭りのことで、天皇一世一度の最大の祭り。】

大嘗宮が壊される前に、公開されたので見に行ったのです。

どちらも人出が多くてごった返しており、皇居そのものを感じることはできませんでした。桜の観賞時は元夫と一緒だったせいもあります。思ったことといえば、桜がキレイだな〜とか、大嘗宮は古代を思い出させてくれるな〜とか、東京は人が多いな〜とかです。

そんな私がなぜ皇居に興味を持ったのかというと……最初は皇居にではなく、江戸城に興味を持ちました。

私は日本のあちこちで神様や仏様、歴史上の人物などにお話を聞きます。あっちから聞いたあの話、こっちから聞いたこの話と、もらった情報はバラバラでも、総合して考えると見えてくるものがあります。

ある日、あれこれと情報を整理していたら、江戸城にとてつもないパワーがあるらしい、と気づきました。どうやらそのパワーは将軍家のためだけのようなのです。とすれば、それは天海僧正が作ったパワーに違いありません。ぜひ知りたい！　という強烈な興味が湧きました。

さっそく、皇居に出かけて行きました。この時（２０２０年12月）の私は皇居に詳しくなく、イベント期間ではなくても東御苑には入れる、ということを知りませんでした。それで将門さんの首塚のところから皇居外苑、桜田門までを往復しました。

その後、東御苑に入れることがわかったのですが、運悪く、新型コロナウイルスの感染拡大防止のため閉鎖されていて、入ることはできませんでした。

それでもせっせと足繁《しげ》く通って、大手門から桜田門までを何回も往復し（大手門からお濠《ほり》の横を歩いて、桔梗門警備派出所のところで右に折れて中に入ります。坂下門の真ん前まで行って左に向きを変え、正門の横を通過して桜田門まで行くコースです）、東御苑が公開されると、東御苑内も歩きまわりました。通った回数はトータルで50回を下らないです。大袈裟に言っているのではありません。本当に一時期は毎日のように通いました。

こうして、やっと得た皇居および江戸城のスピリチュアル情報は驚くべきものでした。

皇居に巨大な神様がいた！

通い始めた初期の段階から、確実に大きなパワーがあることはわかりました。江戸城だった時に埋められたようです。そのパワーは土地の下にありました。ただ単に力があるという状態ではなく、独特の威力を持っていることが意外でした。

将軍家（幕府）が長く続くようにパワーを仕込んだのかな？　と思っていたのですが、そのようなシンプルなものではありません。天海僧正は恐るべき人物なのだと私はここで知りました。

江戸城に埋められていたのは、庶民を屈服させる、従わせる、そういう力です。さらに、庶民の支持を得る、納得させる、尊敬させるというパワーも加えてあります。つまり、将軍が庶民に慕われ尊敬されて、逆らわれることがない、謀反《むほん》を起こされない、民衆の上に君臨できるという、複合的なパワーなのです。

まさに将軍ひとりのために埋め込んだ、巨大で永遠に作用するパワーでした。

まず、このパワーがあることに気づきました。すごいものが埋めてあるな、と思いました。

しかし、この時は東御苑に入れない時期だったので、外苑を歩くだけではこれ以上の詳しいことがわかりません。何回もトライしましたが、皇居内にあるそのパワーに直接コンタクトができなかったのです。

そこで、今度は違う次元に、何気なくコンタクトをしてみました。深い考えはありませんでした。外苑の散歩を始めて7、8回目あたりだったと思います。

すると、神様がいることが判明したのです！　皇居に神様がいるんだ！　と思った私は坂下門と正門の中間あたりの外苑で、2拍手して祝詞を唱えてみました。すると、出てこられたのです！　お濠の向こうに！

古代の神話世界のお姿をした男性で、巨大なサイズの神様です。おぉ〜、とひたすら仰ぎ見るだけの時間が続きました。まぶしいくらいの神々しさであり、パワーも波動も天照大神クラスで、ありえない強さなのです。

この神様は、なんとなんと！　素戔嗚尊《スサノオノミコト》でした！

ひょえ〜！　と、のけぞって驚きました。ビビった、という表現のほうが正しいかもしれません。それと同時に、ついに会えた！　という喜びもありました。

素戔嗚尊という神様は神話で言えば、天照大神の弟です。古い神様であり、有名な神様でもあります。さらに、日本で一番多くご祭神として祀られている神様かもしれません。牛頭天王がいる神社にはほぼすべて、この神様の名前が書かれています。

あちこちでご祭神となっていますが、私はお会いしたことがありませんでした。過去に必死になって探したこともありますが、どこにもいなかったのです。それで、本当に存在する神様なのだろうか？　と疑っていました。

天照大神であるアマテラスさんにお会いできた時にお聞きしたところ、高天原にいるというお話でした。なので、どうして皇居にいるのか、そこが疑問でした。

「高天原ではなく、ここに……皇居にいつもいらっしゃるのですか？」

「皇居は伊勢神宮のように、高天原と道がつながっている」

へぇぇぇ～！　そうなんだ！　と新鮮な驚きです。皇居は神社ではありません。それなのに高天原と道がつながっているというのです。たしかに特別な場所ですから、ありなのかもしれません。

ということは、アマテラスさんとつながっていた豊鍬入姫命《とよすきいりひめのみこと》のような人が、昔の宮中にいてスサノオさん（天照大神をアマテラスさんとお呼びさせてもらっているので、畏れ多いのですが、素戔嗚尊はスサノオさんと呼ばせていただくことにしました）とつながっていたということです。たぶん、古代の人物なのでしょう。宮中だったら、そのような人がいるのは当たり前のような気がします。

高天原につながっているその道は巨大な筒のように大きく、直通であり、常に行き来ができるらしいです。隣同士の部屋よりも近い距離で、高天原から降りてこられるのです。

道は皇居全体とつながっているのか確認したところ、1ヶ所だけだという答えが返ってきました。皇居にはいくつか神殿があるようなので、そのどこかとつながっているようです。空間が重なっているような状態ですから、スサノオさんは高天原にいるのですが、常に皇居にいるような感じだそうです。

天皇陛下がおられるところとつながっているので、ここが江戸城だった時は高天原との道はありませんでした。その時代に道があったのは京都御所であり、その前は奈良など宮中があったところです。

日本国の王を専門で守る神様

アマテラスさんは、超古代に沈んだ大陸から日本に来られました。スサノオさんも同じ大陸から来られたのかと思ったら、アマテラスさんとは別の大陸から来たと言います。アマテラスさんがいた大陸のあとに沈んだ大陸だそうです。超古代には大きな大陸が2つ、沈んだとのことです。

スサノオさんはその大陸でゼウスのような存在であり、巨大な大陸を守る神様でした。大きくて力が強く、アマテラスさん同様、神社にいるような神様ではありません。守っていた大陸が沈んだ時に、アマテラスさんに招待されて日本に来たそうです。

日本の20倍近くあった、超古代大陸のトップだった神様です。大陸が沈んだため、日本に来たのですが、大陸が沈んでいなければそのまま大陸の神様でした。それくらい大きな神様なのです。

日本に来てからは、アマテラスさんや他の古代の神々と一緒に、日本という国を作っています。その偉大な神様であるスサノオさんをバックにつけている人……それが天皇陛下なのです。

アマテラスさんは日本の〝国の魂〟を守っていて、全国民の神様です。常に高天原におられます。スサノオさんは高天原と地上（皇居）を行き来していて、天皇陛下を通じてすべての国民を守っています。

日本がまだ国としてまとまっていない時代はあちらこちらに集落（クニ）があり、平和ではありませんでした。スサノオさんによれば、そのような状態をひとつの国として平らかに治めるには、統率する人物がひとりいればいいそうです。大昔のことですから、民主主義がどうのこうのという時代ではなく、傑出した人物がひとりいれば国はひとつにまとまる、という社会でした。

それで、古代の神々は王を作った（人徳のある人物をひとり選んで王とした）そうです。スサノオさんは日本国の王を専門で守る神様なのです。その王を守ることで国民すべてを守っています。

時代が下ると王は天皇となりました。天皇制度は一度も潰されることなく、現代まで続いています。それを考えるとすごい神様だと思います。

アマテラスさんは国の魂を守る神様であり、アマテラスさんが招待したスサノオさんは国を治める神様だったのです。強大な2柱の神様はこうして担当する仕事を分けて、日本を守っておられます。

東御苑でスサノオさんとお話できる

スサノオさんがいることがわかって、それからは以前にも増してせっせと通うようになりました。けれど、スサノオさんがいるのはお濠の向こう側で手が届かないというか、外苑とは隔てられている感覚でした。神社の本殿にいる神様にお話を聞くような身近な感じではなく、遠くから拝むような、遥拝《ようはい》しているような感覚だったのです。

皇居内にいるスサノオさんとは外苑からでもコンタクトはできます。会話はできるし、お姿も見えます。ですが、隔てられている感は否めませんでした。

ある日、大手門の前を通った時に、東御苑は通常だったらいつでも拝観できることを知りました。お花見など特別な時しか入れないと思っていたので、この時の喜びは言葉では言い表せないほどでした。

しかし、新型コロナウイルス感染拡大防止の観点から、令和2（2020）年の12月

26日以降は臨時休園で、再開の目処《めど》が立っていない状態でした。開園はまだかな、まだかな、と外苑を歩くたびに大手門のところで思いを馳せていました。

拝観できるようになることを毎日心待ちにしていたら、やっと令和3（2021）年6月8日から東御苑の公開が再開されました。この時は涙が出るほど嬉しかったです。

東御苑というのは、天皇ご一家がお住まいの御所や、儀式を行う宮殿があるところではありません。江戸城があった場所なのです。

東御苑にある天守台。

本丸の跡地は広大な広場になっていて、芝生が植えられています。その景色は目に優しくて美しく、天守台は江戸城を彷彿《ほうふつ》とさせます。スカッと見渡せる広さで、チマチマ、ごちゃごちゃしていないため、リラックスしてゆったりとした気分で歩くことができます。

大手門でセキュリティチェックを受けて東御苑に入り、同心番所を通過し、百人番所の前を通って、中之門跡を通ると、大番所があります。私はいつも、そこを通過したあたりで2拍手をして、祝詞を唱えています。祝詞は声に出さないと意味がないので、小声でブツブツと唱えると、スサノオさんが出てこられます。

巨大な古代神様のお姿ですぐ横に立ってくれるのです。初めて近くで見た時は感動で心が震えました。涙も出ました。だって、あの！　素戔嗚尊なのです！　神話で言えば天照大神の弟です。その神様が自分のすぐそばにいるのですから、東御苑が公開されているのは、本当にありがたいと思いました。

そして、ここは皇居の〝中〟なのだな〜、ということを実感しました。

将軍のために埋めたパワーは永遠に続く

江戸城があった場所には、天海僧正が埋めた「天海パワー」があります。東御苑に入れるのはその江戸城跡に立てるということです。ウキウキしつつ、本丸跡を歩きまわりました。天守台のベンチに座っていたら、スサノオさんが、

「お前の座っているそこが、天海が埋めた力を最大に受け取れる場所だ」

と教えてくれました。たしかに、天守台にいると天海パワーを強く感じられるのです。

パワーは本丸跡をぐるりと囲むようにして、点々と土の下にあります。ですから私は、天海さんはパワーを埋めたのだろうと思いました。何十年も、何百年もパワーを持続させるには埋めるしかないからです。

最初は、「水晶」にパワーを入れて埋めたのかな？　と思いました。水晶は記憶する力が強く、溶けたり、崩れたりしないし、いつまでも土中に残ります。水晶があるかどうか、見えない世界で土の中を一生懸命に探しましたが、そのようなものはありません。

そこで、今度は仏像？　と考えました。天海さんはお坊さんです。仏像にパワーを入れ、それを埋めたのかと思ったのですが……これも違うのです。仏像だったら、掘り出される、盗まれることが考えられます。そういうことを避けるために仏像も利用していないのです。

家康公、秀忠公、家光公と、将軍が変わるたびに、天守は建て替えられています。天海さんは、この先建物の増改築もするだろう、建て替えもあるだろう、ということを予想していたはずです。そこを考慮すると、水晶や仏像、他の品物だと、建て替える時に見つかる可能性があり、それで違う方法にしていることが考えられます。

もしも、水晶や仏像を使用してそれが地中から掘り出されたら、その品物に天海パワーがあることを知られてしまうかもしれません。そのような能力を持った人物がいないとも限らないからです。

そうした人物に、万が一天海パワーを使われてしまったら、簡単に天下がひっくり返ります。下手をすれば徳川家は滅亡です。

それを防ぐために、絶対に掘り出されない、盗まれない、見つからないように……というわけで、天海さんは、なんと！　水を利用していました！

特別な水に強大なパワーを込め、本丸を囲むようにして地面に撒いています。地中深く染み込ませているのです。よって未来永劫《えいごう》、誰にも掘り出されることはありませんし、盗まれる心配もありません。

つまり……天海パワーは永遠に続くものなのです。

前述しましたが、そのパワーとは将軍に対して、この国の民衆が従う、尊敬する、信頼する、慕うなど、反乱や謀反を起こさないように、将軍が国を平らかに治められるように働くものです。

現在もパワーは生きています。けれど、それを手にする方法を誰も知りません。将軍だけが知っていたのです。しかし、どこかでそれがうまく伝わらなくなったみたいです。

それで、天海パワーを使わなくなったため、幕府が倒されたようなのです。驚異的なパワーで効果バツグンなのですが、そういうわけで、現在は誰も使用できない状態です。スサノオさんは使い方を知っていますが、当然のことながら、誰にも教えないそうです。天守台が最大に受け取れる「場所」であることは教えても、パワーを自分のために使う方法は秘密なのです。そのパワーのかけらでもいいから手に入れたい！という〝欲望〟を持った人が、皇居内に入ることを嫌うためです。

お濠の「の」の字に隠された意味

私は令和2（2020）年に『にほんの結界 ふしぎ巡り』という本を出しました。その本は神仏のパワーと大地に描いた図形がテーマでした。担当者さんが「面白い図形があります」ということで資料を見せてくれて、それでテーマが決まりました。そこには将門さんの北斗七星や、関西の五芒星があったのです。

資料は何点もあり、私の興味に引っかからないものもありました。そのひとつに、江戸城のお濠があったのです。

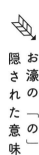

江戸城では江戸初期の拡張に伴って「の」の字を書くように、お濠が掘り進められました。「の」の字にしたのは、敵に攻められにくい、火事の延焼を防げるなどの理由が考えられるそうです。

スサノオさんにこの件をお話したところ、これは天海パワーを全国に広めるための図形であると言っていました。

江戸城に将軍のためだけにあるそのパワーは、将軍が地中から受け取って、国中に放出していました。天海パワーは人間が持てるものではありませんし、放出は1回やればいいというものではないため、何回かやっていたそうです。そうしないと効果は持続しなかったらしいです。

地中からパワーを取り出し、それを自分色に染めて（そのパワーが自分のためだけに働くようにして）、全国に放出しなければパワーは効果を発揮しません。江戸城でパワーを身にまとっているだけではダメだったのです。全国の人々にくまなく届けて初めて効果が現れます。

その放出方法が「の」の字に……つまり渦巻として、勢いよく撒き散らす形だったのです。ぶわ〜っと日本中に放出することで隅々まで行き渡ります。水に変換して埋めてあるパワーですから、「の」の字のお濠によって水で渦巻の形をつくり、それを利用して勢いをつけていたわけです。渦巻ですから、じわじわとゆっくり広まるのではありません。スピードもあるのです。速やかに思いっきり日本中に広まります。

最初に「の」の字の話を担当者さんから聞いた時は「ふ〜ん」でした。偶然「の」の字に見えるのでは？　そう見ようと思えば見えるというこじつけなのでは？　と思ったのです。たまたま仕掛けがあるように見えるだけで、「の」の字に意味はないように思ったので、取材をする候補から外しました。

これは天海さんが徳川家のために考案したものだったのですね。この天海パワーで江戸幕府は約300年も続いたのです。天海さん、すごい！　と思います。間違いなく大天才です。そして、このパワーがある江戸城が現在は皇居であり、スサノオさんがおられる場所となっているのです。

個人の願掛けを聞いてくれる神様ではない

アマテラスさんは高天原（神様の世界）で、日本の「魂」および国民を守り、スサノオさんは半分現実界に身を置いて、天皇陛下を代表として日本国民を守っています。この国は大きな神様に天と地から手分けをして守ってもらっているのです。

『にほんの結界 ふしぎ巡り』で、日本の神様世界をツリー組織図で書けば、ナンバー3の位置にいるのが伊弉諾《いざなぎ》神宮の神様だということをお伝えしました。この組織図で言えば、スサノオさんはナンバー2よりも上です。アマテラスさんと同じくらいの位置なのですが、招待されて来ているので、「ほんの少しあとから来ました」という感じがあります。

つまり、あとから生まれた「弟」という表現がピッタリなのです。古代の神話はあなどれません。意外と真実をしっかり書いていたりするので、驚かされます。

国民を守っているということで、次の質問をしてみました。

「個人のお願い事をしてもいいのでしょうか？」

「そういうことではない」

祈願はあちらこちらにいる神（山や海、大地にいる神様、神社にいる神様のことです）が聞く、と言っていました。そのようになっている、ということです。スサノオさんは個人の願掛けを聞くとか、そういう細かい仕事をしない神様です。

そこはアマテラスさんクラスですから、ひとりひとりに対応するのではなく、ひとくくりとなっている「国民」を守るという感じです。個人的な願掛けは、されても聞かないそうです。

東御苑の天守台に行くたびに思うのは、こんなに幸せなことがあってもいいのだろうか、です。昔は庶民が江戸城に入ることはできませんでしたし、たとえ入れる身分だったとしても天守台には上がれません。

でも、今はそれができるのです。天守台にはベンチがあるので、そこに座って空を見上げることができます。そして、天皇陛下の、国民みんなの神様であるスサノオさんと会話もできます。なんという幸せ！　と毎回、ありがたく思います。

昔だったら絶対にできませんでした。江戸城にしても皇居にしても入れるわけがありません。ああ、現代に生まれてよかった〜、としみじみ思います。

皇居を散策するだけで土地のパワーをもらえる。

皇居の東御苑には二の丸庭園もあります。菖蒲《しょうぶ》の季節にはたくさんの菖蒲が咲いていました。ここには雑木林もあります。雑木林の中には細い小道が何本もあるので散策を楽しめます。大都会の東京で、しかも東京駅のすぐそばという都心で、森林浴ができるのです。

もともと江戸城はパワースポットの上に建てられています。ですから、二の丸庭園の雑木林ではその地面に生えた木々の中を歩けるわけです。質のよいエネルギーを充電できます。

二の丸庭園の端っこには小さな滝が作られており、ここには黄金に見える鯉が3匹います。通常の運勢なら滝のそばで1匹だけを見ることが多いです。運勢がいい時は3匹揃った状態で見られます（私は2回しか経験がありませんが）。ツイていない運気低迷時は、まったくお目にかかれません。自分の運勢を知るサインとして見に行くのも楽しいです。

庭園をぐるりと歩くと、癒やされて、リフレッシュでき、もともとこの土地にあるエネルギーももらえますから、大満足で皇居をあとにできます。

皇居は日本の4大聖地のひとつ

最後に、一番重要だと思えることをお伝えしておきます。それは、皇居は〝聖地〟である、ということです。

日本の巨大な聖地は現在4ヶ所だそうです。伊勢神宮、高野山、比叡山、そしてここ皇居です。ちなみに出雲大社は神在祭の期間のみの聖地なので、常時ではありません。のちに明治神宮が加わるそうですが、今はまだそこまで成長していないそうです。

スサノオさんは個人的な願掛けを聞く神様ではありませんが、皇居に行けばスサノオさんのご神気と波動はたっぷりもらえます。

江戸城から皇居になって、スサノオさんが来た時にここの土地は浄化されています。大奥があったところも、江戸城の表や中奥もすべての場所がキレイさっぱりとクリアになっているのです。

ですから現在は、江戸城だった時の人々の念やいろいろな罪、穢《けが》れなども一掃され、スサノオさんのご神気と波動が隅々まで行き渡る爽やかな空間になっています。アマテラスさんなみの強くて高度な波動です。それが東御苑内に充満しているのです。

ただし、門は大手門を利用することをおすすめします。不浄門であった平川門は退出する時に通らないほうがいいです。

ここは第二門である「渡櫓門《わたりやぐらもん》」の横にある「帯曲輪門《おびくるわもん》」が、見えない世界でとてつもなく暗くて、重たく沈んでいるのです。敏感体質の人は影響を受けるかもしれません。渡櫓門の奥に、門の跡が2つありますが、2つ目を通過したところからが、スサノオさんのご神気と高波動の空間になっています。

東御苑は広いので、大手門から入って天守台へ行き、そこから二の丸庭園へ行って、ぐるっと歩くと、軽く1時間はかかります。その間、スサノオさんを感じながらたっぷりといいご神気と波動をいただいて、上質のエネルギーを充電することがベストな散策です。

スサノオさんの波動の恩恵で細胞が活性化しますし、乗っかっている悪いものは落ちて、スッキリします。

伊勢神宮境内の心地よさがわかる人は、ここでも聖地感を受け取れるはずです。

皇居は、東京に住んでいたら、東京に行ったら、訪れないのはもったいないという、伊勢神宮に負けないくらいの〝聖地〟だったのです。

おわりに

神社やお寺に行くことが難しい時に、「神様、この窮地から救って下さい！」「この状況をなんとかして下さい！」という緊急のお願いが発生することがあると思います。

家のトイレには神様がいることを過去の本でお伝えしました。若かった頃の私は職場のトイレで神様にお願いをしたことがあります。そのお願いは驚異的な叶え方をしてもらえて、この体験でトイレの神様のありがたさを知りました。

コロナ禍で神社仏閣に行けない、行くのが怖いという日が、もしかしたら、この先もまた来るかもしれません。そこでトイレの神様について書いておきます。

お願いを聞いてもらうためには、トイレを毎日せっせとピカピカに磨きます。トイレの神様はお掃除をしてもらって、ピカピカにされることが嬉しいのです。ですから、キレイなトイレを維持して神様に日々喜んでもらっていると、お願いをした時に叶えてくれる率も高い、というわけです。

ただし、注意点があります。トイレの神様は女性のお姿です。髪の毛が身長よりも長いため、神様の髪の毛をうっかり踏んでしまわないように気をつけます。踏むと叱られることもありますので、注意が必要です。

トイレの神様は普段はトイレにいますが、人間が入ってくると上のほうへス〜ッと移動します。ドアを開けた時に、その音で「今から入るのね」と気づくわけです。トイレのドアを開けっぱなしにしているというお宅は、足音（そんなに大きくなくても聞こえています）や、電灯のスイッチの音などで気づきます。わざと、そ〜〜〜っと入らない限り、大丈夫なのです。

けれど、うっかり静か〜〜〜に入ってしまったら気づいてもらえず、神様がその場を離れるのが遅れることもあります。その時にちょっとだけ踏んでしまうことがある、というわけです。

さて、このトイレの神様ですが、説明がヒジョーーーーーに難しいです。

山や海にいる神様、神社にいる神様、神棚にいる神様のように、濃い存在ではありません。この表現はちょっと違うのですが……でも、しっくりくる言葉は「薄い」でしょうか。

パワーが小さい、力が弱い、という意味ではありません。存在自体が霞のように希薄なのです。どうしてなのか私にもまだ詳しいことはわかっておりません。

ただ……個別に、各家庭に1柱ずつ、別々の神様がいるのではない、ということはわかっています。どの家のトイレにも同じ神様がいるのです。ですから、引っ越しをして次の家のトイレでも、今の家のトイレの神様がいます。どのトイレからも同じ神様につながるのですが、仏様のような存在ではありません。とにかく、摩訶不思議な神様なのです。

お願いをする時はトイレに入って、2拍手をし、合掌したまま頭を下げた状態でお話をします。話し終えたら2拍手をして1礼します。この時にトイレを使用してはいけません。お願いだけしてトイレから出ます。

トイレの神様にお願いをして叶えてもらった、そのお礼は何をしたらいいのかと言いますと、一番はとにかくお掃除です。キレイにすることを本当に喜んでくれるからです。さらに、2拍手をして、お礼の言葉を言うのもいいです。ストレートに感謝が伝わります。希薄でも神様ですから、小さなおちょこに日本酒を入れて置くのも喜んでもらえます。

トイレの神様の場合、日本酒を置いたら電灯を消して、トイレから出ます。ドアを閉め、5分くらい待ってから、灯りをつけてドアを開け、お酒をさげます。これは、本当にたま〜にするといいくらいで、毎日するのはちょっと違います。そういう神様ではないからです。

生花を喜ぶ神様でもないため、神様のためにお花を置かなきゃ！　買ってこなきゃ！と、無理をしてまで置く必要はありません。お花は人間がリラックスするために置く、というふうに考えたほうがいいです。

ちなみにお塩を置くのは、この神様の場合、違うのでやめておきます。

お供え物は3ヶ月〜半年に1回くらい、ちょっぴりお酒を置く、それと、お正月には鏡餅とお酒を置く、くらいでしょうか。繰り返しになりますが、せっせと毎日丁寧にお掃除をすることが、何よりのご奉仕なのです。

こうして大切にしておくと、いざという時にお願いを叶えてくれます。

神社仏閣に行くことが難しい時に、なんとしてでも願掛けを叶えてほしい！　という緊急事態が発生したら、トイレの神様にお願いをしてみてはいかがでしょうか（しょっちゅう、いろんなことをお願いする神様ではありません）。

コロナ禍がいつ終息するのかはわかりませんが、皆様が護符やおふだを上手に利用して、うまく乗りきっていけますようにと、心から祈念いたします。

桜井識子

文庫版　おわりに

本書で皇居には神様がいること、それは素戔嗚尊《スサノオノミコト》であることをお伝えしました。

取材を終え、単行本が発売されたあとも、時々ですが皇居に行っています。

皇居外苑にある「楠公レストハウス」でランチをするのが楽しみなので、時間が合えば寄るようにしています。職人さんが一品一品丁寧に仕上げた伝統和食の、こだわりの一汁三菜ランチが美味しいのです。見た目も風流です。ドリンクバー付きですから、食後のコーヒーまでいただいて、それから東御苑に行っています。

スサノオさんとは会うたびに気軽にお話をしています。私の日常の出来事を話すのがほとんどで、たまに悩みを聞いてもらったりもします。会話の中で新しい発見があったので、文庫版の「おわりに」としてお伝えしようと思います。

宮中（皇居）には言葉の神様もいるそうです。

言葉の神様は一言主大神《ひとことぬしのおおかみ》だという説がありますが、皇居にいるのはそうではなく、「日本語」の神様です。この国に日本語が成立する時に言葉を整えた神様だそうです。日本語制作に関わったというか、日本語を作った神様なのですね。

お話を聞いている時に、人々が和歌をたしなんでいた時代が頭に浮かびました。その神様が宮中にいるおかげで、宮中に出入りしていた人の中には、和歌が特別に上手だった人がいたのではないか、と思いました。

そこで、ふと、源氏物語や枕草子の作者も宮中にいたことに気づきました。もしかしたら、その神様がお手伝いをしたのかな？　と思ったので質問をすると、スサノオさんはにっこりと笑顔を見せていました。しかし、お返事はありませんでした。たぶん手伝ったのだろうと思います（個人的見解です）。きっと、紫式部や清少納言の才能を最大に引き出して、よいものを書かせたのでしょう。宮中に関係のある人物だったから大傑作になったのかもしれない、と思いました。

この神様は女性のお姿をしており、スサノオさんによると、強くて豪胆だそうです。スサノオさんはたしか「かくたのおおかみ」と言ったように思います。皇居といっても、重なっている高天原のほうにいるようです。

皇居ってすごいところだな、とあらためて思いました。

皇居にせっせと通っていたら、ありがたいことに、いや、おそれ多いことに、スサノオさんとは顔見知りのような感じになりました。個人の願掛けは聞いてくれない神様ですが、声は届くのかな？　と質問をしてみました。

「もしも突発的な事故などで、死ぬかもしれない！　という状況になった時、私がスサノオさーん！　と叫んだら声は届くのでしょうか？」

「届く」

届くんだ〜、と驚いていたら、

「だが、行くことはない」

と、続けて言いました。

ああ、そうか、そりゃそうだろうな、と納得です。天皇陛下を守っている、日本国民すべての神様なのです。

「そのような時は誰かを行かせよう」

「え？　スサノオさんは眷属をお持ちではありませんよね？」

実はスサノオさんは、日本全国、どの神様もどこへでも行かせることができるというのです。

サラッと普通に言ったこのセリフ、すごいです。

「状況に応じて適任の神を行かせる」


へぇぇぇー！　ですね。

どの神様も「ちょっと行ってくれないか？」とスサノオさんが言うと、断らないのです。ですから、全国のどこかの神様が助けに来てくれるというわけです。

そうなんだー！　と驚きました。

もしも私が東京から遠く離れたところにいても、SOSを発信すれば声は届き、スサノオさんはその地域にいる神様、もしくはその状況に合ったというか、助けるのに最適な神様を送ることができるのです。

「アマテラスさんも、全国の神様を動かすことができるのですか？」

「うむ」

そうだったんだ！　と新しい発見でした。

スサノオさんとアマテラスさんは、日本全国の神様を使えるのです（山岳系神様を除きます）。高天原から「ちょっと行ってくれないか？」と依頼をすると、その依頼を断る神様はいないのですね。さらにその依頼はどの神様にも聞こえている、というわけです。ということは、どの神様も高天原とつながっている。そのパイプがあるということです。

へぇぇ～、ほぉぉ～、と思ったお話でした。

皇居に行ったことがない、スサノオさんと顔見知りではない、直接ご挨拶をしたことがない、という人でも、スサノオさんは全国民の神様ですから、緊急時の声は届きます。そこに遠慮はいりませんので、スサノオさんにSOSを発信してもいいということは知っておいたほうがいいです。

いざという時に「スサノオさーん！」と助けを求めれば、スサノオさんが来てくれることはありませんが、代わりにどこかの神様が助けに来てくれます。

緊急時に救ってくれる頼りになる神様です。覚えておくことをおすすめします。

桜井識子

〈多摩エリア・島しょエリア〉

目赤不動《めあかふどう》　南谷寺《なんこくじ》	文京区本駒込1-20-20	(P120)
目黄不動《めきふどう》　最勝寺《さいしょうじ》	江戸川区平井1-25-32	(P120)

〈23区西部エリア〉

赤坂氷川神社《あかさかひかわじんじゃ》	港区赤坂6-10-12	(P147)
愛宕神社《あたごじんじゃ》	港区愛宕1-5-3	(P124)
井草八幡宮《いぐさはちまんぐう》	杉並区善福寺1-33-1	(P203)
永平寺別院《えいへいじべついん》　長谷寺《ちょうこくじ》	港区西麻布2-21-34	(P185)
王子神社《おうじじんじゃ》	北区王子本町1-1-12	(P215)
王子稲荷神社《おうじいなりじんじゃ》	北区岸町1-12-26	(P215)
大宮八幡宮《おおみやはちまんぐう》	杉並区大宮2-3-1	(P215)
大山稲荷神社《おおやまいなりじんじゃ》	渋谷区松濤1-7	(P213)
増上寺《ぞうじょうじ》	港区芝公園4-7-35	(P135)
多摩川浅間神社《たまがわせんげんじんじゃ》	大田区田園調布1-55-12	(P216)
築土神社《つくどじんじゃ》	千代田区九段北1-14-21	(P213)
筑土八幡神社《つくどはちまんじんじゃ》	新宿区筑土八幡町2-1	(P212)
東京大神宮《とうきょうだいじんぐう》	千代田区富士見2-4-1	(P213)
豊川稲荷東京別院《とよかわいなりとうきょうべついん》	港区元赤坂1-4-7	(P214)
虎《とら》ノ門《もん》 金刀比羅宮《ことひらぐう》	港区虎ノ門1-2-7	(P214)
乃木神社《のぎじんじゃ》	港区赤坂8-11-27	(P165)
羽田神社《はねだじんじゃ》	大田区本羽田3-9-12	(P216)

神社仏閣インデックス

この作品は二〇二一年十一月小社より刊行された
ものを加筆・修正したものです。

東《とう》京《きょう》でひっそりスピリチュアル

桜《さくら》井《い》識《しき》子《こ》

令和5年12月10日　初版発行

発行人――石原正康
編集人――高部真人
発行所――株式会社幻冬舎
〒151-0051東京都渋谷区千駄ヶ谷4-9-7
電話　03(5411)6222(営業)
　　　03(5411)6211(編集)
公式HP　https://www.gentosha.co.jp/
印刷・製本―中央精版印刷株式会社
装丁者――高橋雅之

検印廃止
万一、落丁乱丁のある場合は送料小社負担でお取替致します。小社宛にお送り下さい。

幻冬舎文庫

ISBN978-4-344-43338-0　C0195　さ-44-3

り本に関するご意見・ご感想は、下記アンケートフォームからお寄せください。
s://www.gentosha.co.jp/e/